DISEÑO

JUEGOS

Una guía práctica para solucionar problemas de diseño, usando técnicas que involucran a los usuarios en las decisiones, ayudándoles a comprender las complejas relaciones ambientales, así les permite desarrollar soluciones que respondan a las necesidades humanas básicas.

Jugando para Conservar las Decisiones de Diseño Personales y Ambientales

HENRY SANOFF
JULIETA TREVIÑO SHERK

con un poco de ayuda de:

G Adams, R. Andrews, G. Centeno,
S. Fray D.Kammeraad, L.Liberatore,
M. McNamara, M.Moorefield,
W. Morris, D. Polson, J.Sanoff,
B.Smith, D.Tester, B.Vaupel, y
Estrella Villarreal Zamora

Library of Congress in Publication Data

Sanoff, Henry.
 DESIGN GAMES.
Architectural design---Study and teaching--
Simulation methods. Simulation games in
education.

N2750.S24

Henry Sanoff, AIA. Distinguido profesor emérito de la Facultad de Diseño, Universidad del Estado de Carolina del Norte, es conocido por sus numerosos libros entre los que se encuentran: Democratic Design, School Building Assessment Methods, Schools Designed with Community Participation, Programming and Participation in Architectural Design; Community Participation in Design and Planning, Creating Environments for Young Children, Integrating Programming Evaluation and Participation in Design, and Visual Research Methods in Design. Ex-editor en Estados Unidos de la revista de Estudios de Diseño, y reconocido en como el fundador de la Asociación de Investigación de Diseño Ambiental (EDRA por sus siglas en inglés). Ha sido profesor visitante en más de 85 instituciones en los Estado Unidos y en el extranjero y un investigador visitante en la Universidad de Londres, Oxford Polytechnic, Royal College of Art, el Instituto Tecnológico de Monterrey, Universidad de Tokio, Instituto de Tecnología de Australia Occidental, Universidad de Sydney, Universidad de Melbourne, Universidad de Wellington, Real Academia Danesa de Arte, Universidad de Thessaloniki, Universidad de Hamburgo, Universidad Nacional de Seúl, Universidad de Yonsei, Universidad de Misr (Egipto) y el Instituto de Arquitectos de Polonia. Recibió la NCSU, Medalla de Excelencia de Holladay, Premio al Logro de la Facultad Phi Kappa Phi, AC SA Profesor Distinguido de Arquitectura, ACSA Premio de Diseño Comunitario, Premio Especialistas Senior Fulbright, y el EDRA Premios de Honor y Servicios.

Julieta Trevino Sherk, PLA, ASLA. Arquitecta paisajista licenciada en Carolina del Norte y profesora asociada en el curso Diseño del Paisaje en los departamentos de la Universidad de Carolina del Norte de Ciencia Horticultural y Arquitectura del Paisaje. La profesora Trevino Sherk da clases magistrales en las materias de Gráficos digitales y de Mano, Pendiente y Drenaje, Materiales y Métodos de Construcción, Identificación de Plantas, y Diseño de Plantaciones. Ha enseñado y se ha desempeñado como miembro del comite de postgrado en las siguientes maestrias: Ciencia de la Horticultura, Arquitectura del Paisaje, y en la Maestría en Ciencias en la Escuela de Medio Ambiente y Ecología de la UNC. Ha trabajado con sus estudiantes infundiendo un enfoque basado en evidencias y estrategias de investigación del diseno ambiental, sobre una variedad de estudios de paisaje con impactos locales y globales que han sido documentados y publicados en revistas especializadas. Ha coordinado el diseño participativo ejecutando una variedad de proyectos de aprendizaje-servicio con sus estudiantes a lo largo de comunidades en su estado, e internacionalmente. Este esfuerzo le ha dado premios tales como el Premio de la ciudad de Raleigh, Appearence Sir Walter Raleigh, y Premio al Mérito de la Asociación de Arquitectos Paisajistas de Carolina del Norte. En 2017 fue honrada con la beca William Fulbright Foreign Scholar Global en Ciencia y Tecnología en la ciudad de Querétaro, México. En su práctica JTSLA, la profesora Trevino Sherk, se enfoca en trabajar con las comunidades para usar artísticamente las plantas y la forma de la tierra como elementos de diseño, con la convicción del papel crítico que desempeñan en mejorar la experiencia humana / natural. Para ello, esta interesada en mejorar los recursos naturales, culturales e históricos, incorporando infraestructura viva como jardines de bioretención, paisajes de cultivos agrícolas y ornamentales que proporcionan co-beneficios en la calidad de vida de las comunidades.

A los propietarios de este libro: no dude en cortar o doblar o mutilar las páginas. Pero sobre todo, trate de usar los materiales como una guía para lo que tendrá que hacer.

Todos los juegos del libro contienen tres ingredientes básicos: reglas del juego, imágenes que representan conceptos, y métodos de grabación. Puede sustituir las imágenes por las suyas propias para usarlas con nuestras reglas, o puede usar nuestras imágenes y cambiar las reglas.

Los juegos ambientales proporcionan una manera de involucrar a las personas en discusiones diseñadas para ayudarles a descubrir sus diferencias personales, mientras la discusión se enfoca en un conjunto particular de conceptos. Este enfoque es especialmente adecuado para los talleres con grupos de ciudadanos, profesores, estudiantes, o profesionales del diseño porque ofrece una oportunidad para tener una experiencia "práctica" al explorar temas ambientales. Se cree que el aprendizaje es mejor cuando la teoría y la experiencia se realizan al unísono. Así, los juegos incorporan las teorías y los participantes participan en las experiencias de exploración-descubrimiento. Esta experiencia, sin embargo, es sólo un catalizador a lo que usted puede proporcionar, ya que la experiencia del juego es una simulación, una abstracción de un evento real. Los juegos proporcionan a los participantes una oportunidad para compartir y reconciliar sus diferencias.

Para que tenga lugar el aprendizaje, su estudiante debe relatar su experiencia personal en un lugar en particular, y descubrir sus propias conecciones.

CONTENIDOS

1 ¿POR QUÉ JUEGOS DE DISEÑO? **1**
JUEGOS DE DISEÑO 3

2 JUEGOS EVOCATIVOS **9**

Poema del Deseo **10**
Espacios que Conectan **12**
Educación Ambiental **14**
Palabras descriptivas **18**

3 JUEGOS SOBRE LAS OPCIONES DE DISEÑO **21**

Subasta de Temas **22**
Mejor Ajuste de la Regla de Deslizamiento **24**
Boleta de Diseño **32**
Actividades del Hogar **36**
Alternativas del Plan **38**
Imagen de la Casa **40**
Alternativas del Sitio **42**
Elección de Casa **44**
Estrategias Para Mejorar los Ambientes del Centro **46**

4 JUEGOS ACERCA DE LAS DECISIONES DE CONSENSO **51**

Planificación del juego al aire libre **53**
Planificación del equipo de recreo **58**
Entornos de aprendizaje para niños **68**
Diseño del Centro Para Mayores **75**
Relacionando Objetivos Para el Aprendizaje Con la Educación **76**
El Desafío del Medio Ambiente **80**
Juego de Roles **84**
Conocimiento de Estrategias Emergentes de Preservación Ambiental **90**

5 JUEGOS DE CONSERVACIÓN DE ENERGÍA **93**

Selección de Estrategias de Energía Pasiva **94**
Oportunidades de Conservación de Energía **96**
Juego de Alojamiento **98**
Charadas Solares **101**
Juego Energético Participativo **102**

6 EVALUACIÓN DE LAS SESIONES DE JUEGO **107**

Cuestionario **109**

7 ESTUDIOS DE CASO **111**

REFERENCIAS **122**

¿POR QUÉ DESIGN GAMES?

Los "Design Games", Juegos de Diseño, se centran en la resolución de problemas que se acoplan a una situación de la vida real concentrada en el tiempo por lo que las caractersíticas esenciales del problema están abiertos a se examinadas . Esta técnica es especialmente atractiva para los diseñadores, ya que permite conocer el proceso de cambio en un entorno dinámico que requiere decisiones periódicas. Básicamente estamos identificando un problema complejo abstrayendo su esencia, un proceso conocido como simulación. Un Juego, entonces, es un tipo particular de simulación. Los matematicos y cientificos tambien utilizan métodos de simulación para entender su mundo, y con frecuencia utilizan fórmulas o símbolos matemáticos para comunicar y modelar sus areas de investigaci6n.

Los diseñadores son personas interesadas en la creación de entornos que son congruentes con las necesidades y estilos de vida de las poblaciones que los utilizan. La última década ha sido testigo del crecimiento del conocimiento acerca de las necesidades del usuario, preferencias y comportamiento. Estos datos se generaron a partir de estudios que a menudo representan un momento en el espacio de vida de un entorno particular. Mientras este rápido crecimiento de un fondo de información ha contribuido sustancialmente al desarrollo de las profesiones de diseno, otros métodos para entender las necesidades y valores del usuario son igualmente importantes para captar los aspectos dinámicos del medio ambiente. Los Juegos representan un método.

Nuestros Juegos han sido desarrollados para facilitar la comprensión de las estrategias para la solución de problemas y la transmisión de información de una manera significativa. Mientras que Los Juegos ayudan a comprender la compleja imbricación de las fuerzas ambientales, sociales y tecnológicas, también se pueden utilizar para ayudar a comprender situaciones tan familiares que sus características no son percibidas. Los Juegos ayudan a agudizar las percepciones.

Una característica especial de Juegos con la que todos estamos familiarizados es la de ganar y perder. Estamos a favor de las discusiones grupales que son de naturaleza colaborativa y de consenso. Decisiones. Creemos que esto es importante porque – a medida que los problemas se hacen más complejos e interconectados - se deben generar las soluciones que deban satisfacer a la población afectada. Los métodos de negociación y de votación crean situaciones que tienen sólo dos lados. Estos métodos son cada vez más irreales y por lo general obligan a las personas a tomar posiciones extremas con el fin de influir en los votos. Además, los perdedores en cualquiera de las posiciones, por lo general se quedan disgustas. Por lo tanto, las técnicas de toma de decisiones utilizados en este libro se basan principalmente en la planificación colaborativa

Todas las técnicas que aquí se incluyen han pasado por la prueba de la experiencia. De hecho, esta colección es un ensamblaje de materiales listo para usarse que han estado en uso durante los últimos cinco años. Cada método se ha desarrollado para realizar tareas específicas que van desde aumentar la conciencia de las personas hasta cuestiones ambientales particulares, para enseñar conceptos y relaciones y esclarecer las diferencias de valores entre los tomadores de decisiones. El ímpetu principal de todo método está dirigido hacia la identificación de las cuestiones relacionadas con la mejora de la calidad del medio ambiente.

Design Games, Juegos de Diseño es una guía práctica que describe técnicas para involucrar la participación efectiva de los grupos de usuarios, profesionales del diseño, planificadores, estudiantes y ciudadanos preocupados por la calidad del medio ambiente, en las decisiones de diseño. Los juegos pueden ayudar a la gente a captar las relaciones complejas sobre el medio ambiente con el fin de crear cambios que respondan a las necesidades humanas.

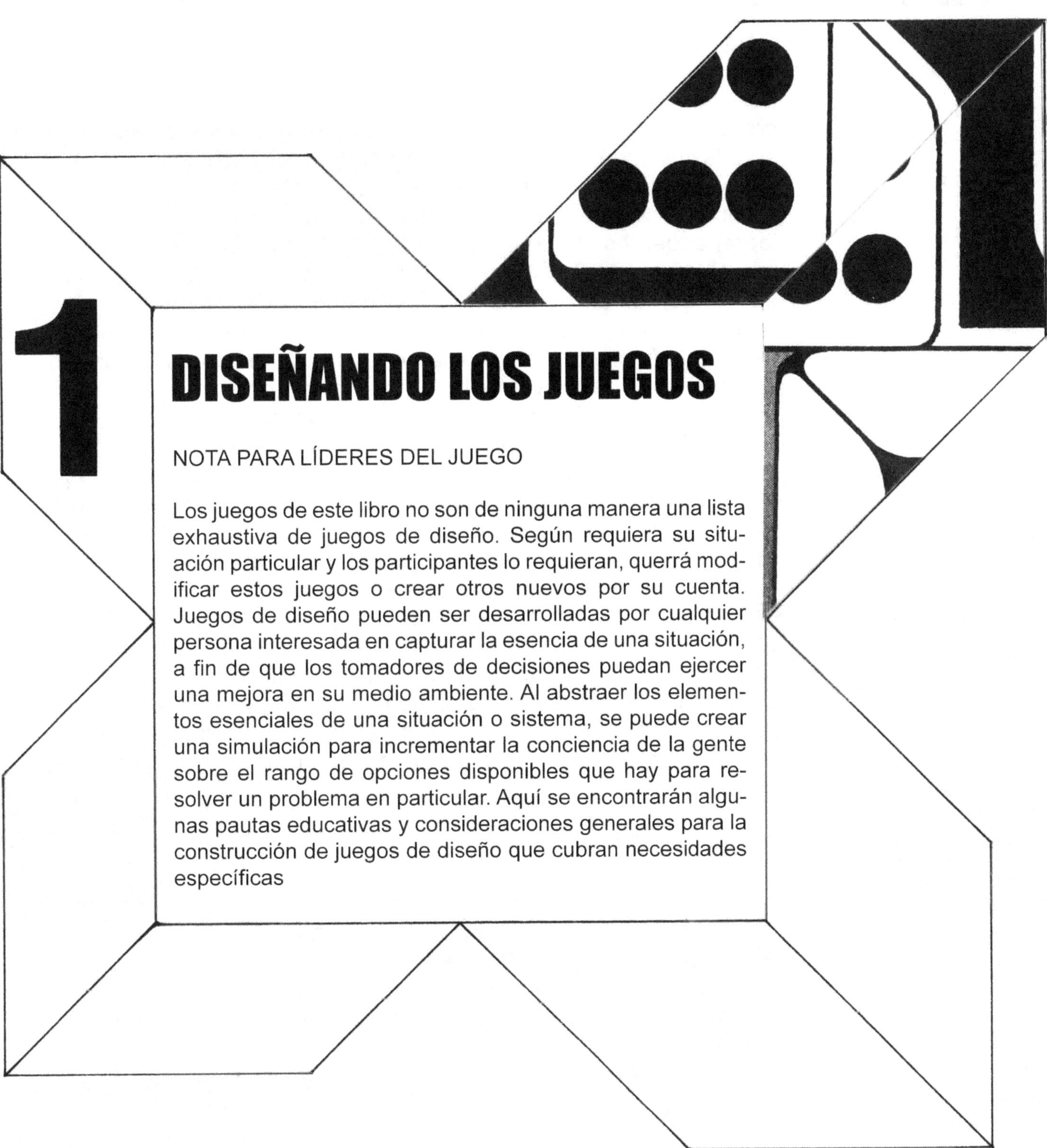

1

DISEÑANDO LOS JUEGOS

NOTA PARA LÍDERES DEL JUEGO

Los juegos de este libro no son de ninguna manera una lista exhaustiva de juegos de diseño. Según requiera su situación particular y los participantes lo requieran, querrá modificar estos juegos o crear otros nuevos por su cuenta. Juegos de diseño pueden ser desarrolladas por cualquier persona interesada en capturar la esencia de una situación, a fin de que los tomadores de decisiones puedan ejercer una mejora en su medio ambiente. Al abstraer los elementos esenciales de una situación o sistema, se puede crear una simulación para incrementar la conciencia de la gente sobre el rango de opciones disponibles que hay para resolver un problema en particular. Aquí se encontrarán algunas pautas educativas y consideraciones generales para la construcción de juegos de diseño que cubran necesidades específicas

REGLAS DEL JUEGO

VALORES

Los valores son aquellas creencias en las que tenemos que creer para tener un valor personal intrínseco. Los valores personales incluyen sentimientos y actitudes que caracterizan e influencian nuestro comportamiento. Las diferencias de valores a menudo ocurren entre los individuos por la incapacidad de lograr acuerdos al querer resolver una situación para un problema de grupo. Muy a menudo, la denominación "diferencias de opiniones", tienen su raíz en las diferencias de valores que no se han hecho explícitas. La habilidad de conseguir el control personal tanto como la eficacia de un grupo, radica en la habilidad personal para aclarar las preferencias personales en relación a la situación que se está examinando. Los métodos de aclaración de valores, alienta a las personas a examinar sus creencias personales de una manera similar a los métodos científicos que ayudan a la exploración científica. Este enfoque permite el estudio de patrones y elecciones en relación a uno mismo. Cada juego obliga a los participantes a tomar decisiones entre diferentes alternativas. Al hacer sus elecciones, los individuos tienen que examinar sus sentimientos, sus conceptos personales y sus valores. Dado que los participantes responden a una situación de diseño con diferentes valores y creencias, incorpore en su Diseño de Juego la oportunidad para los participantes de compartir esas diferencias. Este es el primer paso en el proceso de toma de decisiones por consenso.

ESTRUCTURA

Juegos enfatiza el aprendizaje a través de la experiencia directa. Un ingrediente importante en este método alternativo de aprender es la necesidad de estructurar particularmente para la experiencia de grupo. "Estructura" es meramente una etiqueta para aquellas actividades que se enfocan en el proceso grupal, controlan las variables extrañas, e incrementan la probabilidad de que se logre cierto aprendizaje en los participantes.

Aunque los objetivos de aprendizaje de la experiencia estructurada se puede especificar y los resultados son un tanto predecibles, la experiencia estructurada no dicta lo que un participante debe aprender. Su intención radica en facilitar el aprendizaje que de otra manera sería difuso y al azar. La experiencia estructurada está en función de los objetivos de la experiencia, de los contenidos y de las técnicas empleadas enfocadas en el aprendizaje; las técnicas de juego empleadas para dirigir el aprendizaje incluyen actividades tales como hacer o construir algo, discusiones, resúmenes, juegos de mesa, entrevistas, inventarios o lista de cotejo, y juegos de roles y tareas.

OBJETIVOS INDIVIDUALES

Los objetivos individuales o metas de aprendizaje de una experiencia estructurada, deben incluir conocimiento, aspectos afectivos y desarrollo de habilidades. Las metas cognositivas pueden incluir aumentar la conciencia del contenido fáctico, incluir el uso de los contenidos, generalizar lo particular, y la organización conceptual. Construir la autoconciencia, la visión y la empatía de los participantes, son algunos de los aspectos efectivos de los objetivos del aprendizaje. El desarrollo y la implementación de habilidades tales como escuchar y resolver problemas, son algunos de los objetivos del desarrollo de habilidades.

OBJETIVOS DEL GRUPO

Cada juego en este libro, estructura las experiencias de los jugadores sobre algún aspecto del comportamiento interpersonal en el grupo. El tipo de experiencias enlistadas a continuación son la base del comportamiento para el diseño de juegos.

Comunicación Interpersonal:	El éxito en el funcionamiento de los grupos depende del desarrollo de la confianza, de aprender a escuchar y de desarrollar varios tipos de relaciones..
Soluciones de Problemas en grupo:	La habilidad de los grupos de involucrarse en una situación, require de su habilidad para resolver un conflicto y de ofrecer una solución a través del consenso.
Desarrollo Organizativo:	La habilidad de los participante para organizarse a sí mismos en grupos de tabajo, tanto para producir y planear, como en la formación de un equipo.
Expansión de Conciencia:	El desarrollo de la conciencia sensorial está vinculado a ampliar la autopercepción del individuo y a ampliar sus límites personales.
Retroalimentación Personal:	Cuando los participantes interactúan, hay un dar y recibir información desde lo informal a lo formal.
Consenso con Cooperación:	Son necesarias las estrategias de cooperación para que los participantes experimenten el "éxito".

GUIÓN

Otro aspecto importante de Juegos es el "guión" –el concepto referente al tipo de situación que se va a representar. Los objetivos de Juego deben servir como un factor primario en el diseño de un guión, pero hay cuatro consideraciones generales que entran en la composición del guión: el cálculo del tiempo, la configuración del entorno ambiental, el nivel de detalle, y el grado de conocimientos y las características de los participantes del juego.

El cálculo del tiempo es un factor importante en el que los jugadores no deben ser confrontados con eventos proyectados con tanta anticipación al futuro, que las estrategias actuales y las implicaciones políticas se vean limitadas por la incertidumbre.
Las configuraciónes del entorno ambiental son necesarias para establecer los parámetros o límites examinados para el Juego. Para los diseñadores, esto es el ingrediente esencial que caracteriza aspectos del entorno físico. La tercera consideración surge de las limitaciones naturales de los jugadores por la cantidad de detalles que tienen que tener en cuenta y manipular. Finalmente, debe tenerse en cuanta a los participantes al determinarse el grado de minuciosidad del guión. El nivel de detalle necesario para estudiantes de secundaria deberá ser diferente del que se require para profesionistas que ya tienen habilidades específicas.

La credibilidad y la consistencia son cualidades clave, necesarias para tener un guión exitoso.

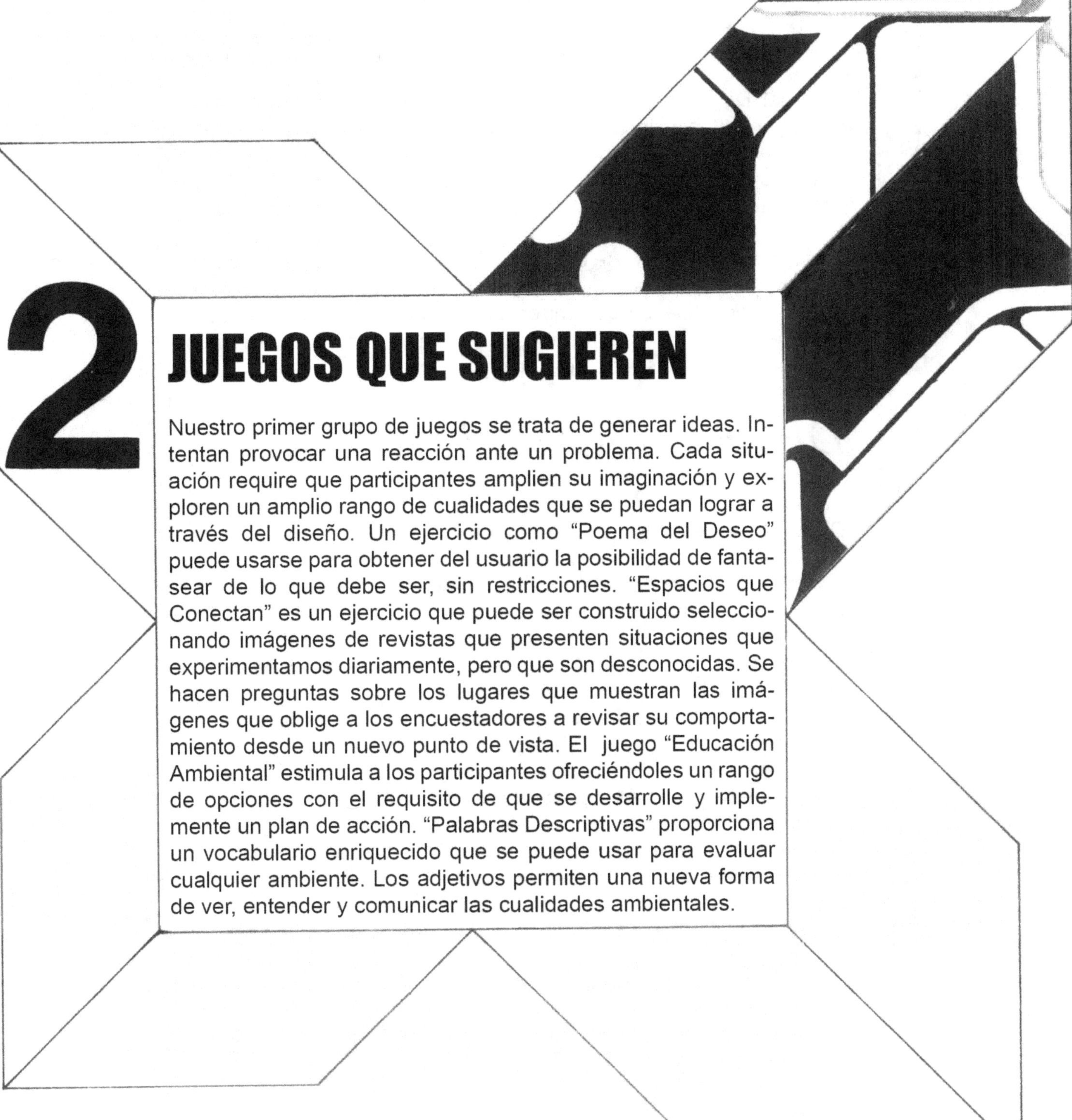

2 JUEGOS QUE SUGIEREN

Nuestro primer grupo de juegos se trata de generar ideas. Intentan provocar una reacción ante un problema. Cada situación require que participantes amplien su imaginación y exploren un amplio rango de cualidades que se puedan lograr a través del diseño. Un ejercicio como "Poema del Deseo" puede usarse para obtener del usuario la posibilidad de fantasear de lo que debe ser, sin restricciones. "Espacios que Conectan" es un ejercicio que puede ser construido seleccionando imágenes de revistas que presenten situaciones que experimentamos diariamente, pero que son desconocidas. Se hacen preguntas sobre los lugares que muestran las imágenes que oblige a los encuestadores a revisar su comportamiento desde un nuevo punto de vista. El juego "Educación Ambiental" estimula a los participantes ofreciéndoles un rango de opciones con el requisito de que se desarrolle y implemente un plan de acción. "Palabras Descriptivas" proporciona un vocabulario enriquecido que se puede usar para evaluar cualquier ambiente. Los adjetivos permiten una nueva forma de ver, entender y comunicar las cualidades ambientales.

Poema del Deseo es un poema que se hace colectivamente o en grupo. Es un grupo de instrucciones que surgen de responder a la frase "Deseo que mi…" Este enfoque fue utilizado para minimizar el ya muy desgastado esfuerzo de hacer rimas, un esfuerzo que normalmente entorpece el libre flujo de las asociaciones y los sentimientos personales.

Los resultados del poema se enfocan a una amplia gama de preocupaciones ambientales que puedan dar lugar a un estímulo importante para el cambio. "Deseo que mi escuela" es un ejemplo. Hay otros posibles temas: Deseo que mi habitación, parque, campo, oficina, país, pueblo, casa y cualquier otra cosa que pienses.

DESEO QUE MI ESCUELA

Deseo que mi escuela sea el lugar más bonito en el mundo.
Deseo que mi escuela sea inusual.
Deseo que mi escuela sea un lugar agradable para ir, en lugar de ser una cámara de tortura.
Deseo que en mi escuela pasen muchas cosas diferentes.
Deeseo que mi escuela sea tan libre como pueda ser, mientras no rompamos las reglas ni destruyamos los privilegios.
Deseo que mi escuela sea un lugar al que puedas ire en cualquier momento y en cualquier día.
Deseo que mi escuela pueda ser tan divertida, como es difícil.
Deseo que mi escuela tenga libertad de elección.
Deseo que en mi escuela no haya clases y haya más recreos.
Deseo que mi escuela sea hermosa con muchos árboles y no con grandes edificios de ladrillo.
Deseo que mi escuela tenga colores brillantes.
Deseo que mi escuela sea un hipódromo, un campo de béisbol, un establo de caballos.
Deseo que mi escuela tenga maestros que no te estén dando órdenes.
Deseo que mi escuela tenga una pequeña tienda donde puedas comprar cocas, dulces y sandwiches.

de Henry Sanoff, Seeing the Environment: An Advocacy Approach, (Learning Environments, 1973

A ESPACIOS QUE CONECTAN

Un psicólogo amigo nuestro, Robert Sommer, hizo una observación interesante; notó que un entorno construido afecta a la mayoría de las personas más allá de lo que captan concientemente. Hay un juego que puede ayudar a sensibilizar a las personas en relación a un elemento importante de nuestro entorno construido: Espacios que Conectan.

Todos los días dedicamos tiempo en ir de un lugar a otro. Y, mientras es en horas de clase, por negocios o por placer, tendemos a ser más conscientes de los lugares a los que vamos, que de los lugares por los que nos movemos para llegar allí.

Nuestro comportamiento diario al caminar, nos lleva a una gran variedad de pasajes interiores y exteriores. Decidimos lo más apropiado de una ruta en particular por las señales o la escasa información incluidas en las características de la ruta. Ya sea que tengamos prisa o decidamos hacer una caminata tranquila, buscamos en base a esas características, tales como la cobertura del suelo, la cantidad de cercas, el ancho del camino, el tráfico y la diversidad visual para ayudarnos a tomar la mejor decision.

La ruta que elegimos a un destino a menudeo está influenciada por el propósito del viaje. Todos estamos familiarizados con el famoso "atajo" o la ruta más corta a un detino en particular. El "atajo" es una forma de reducir el tiempo para llegar a un destino, sobre todo si se nos hizo tarde. A menudo nos permite usar el tiempo ganado para otras actividades. Cada selección que hacemos está basada en las características particulares de la ruta o en lo interesante que parezca ser.

Hay tres situaciones típicas que frecuentemente encontramos en nuestro comportamiento cuando caminamos. Hay destinos orientados pero apresurados, los orientados al destino pero de manera pausada y exploratoria, o pausada sin ningún destino particular en mente. Para cada situación en una caminata, puede haber una ruta apropiada. Vamos a usar un conjunto de imágenes para seleccionar diferentes rutas de senderismo.

	Situaciones	Grupos	Cualidades de los espacios que influyen en su decisión.
1	**Destino orientado, y apresurado** "Carambas, sólo tengo cinco minutos para llegar allí.		
2	**Destino orientado, pero pausado** Tengo hasta las nueve para llegar allí y apenas son las siete treinta.		
3	**Exploratoria, y pausada** "Tengo algo de tiempo extra, ¿por qué no encontrar algunos lugares interesantes a lo largo de esta ruta?		

B CLASIFICAR POR AFINIDAD

Observe las imágenes y agrúpelas de acuerdo a las similitudes que encuentre en ellas. Anote las letras dentro de cada conjunto de imágenes en la caja titulada GRUPOS. A continuación, examine todas las imágenes de cada grupo y anote en la casilla correspondiente, por que piensas que son similares.

Grupos	¿Cómo son similares.

C DISEÑE SU PROPRIA RUTA

De los orígenes y destinos enlistados a continuación, arregle al conjunto de imágenes para encontrar los espacios conectores que prefiera usar en cada situación. Para cada par de lugares seleccionar al menos tres espacios de conexión.

Hogar ———————	**Escuela**
Aula ———————	**Cafetería**
Hogar ———————	**Casa del mejor amigo**
Entrada de la terminal ———————	**Entrada del avión**
Estacionamiento ———————	**Oficina del dentista**

UN JUEGO PARA AYUDAR A GENERAR IDEAS PARA PROYECTOS AMBIENTALES

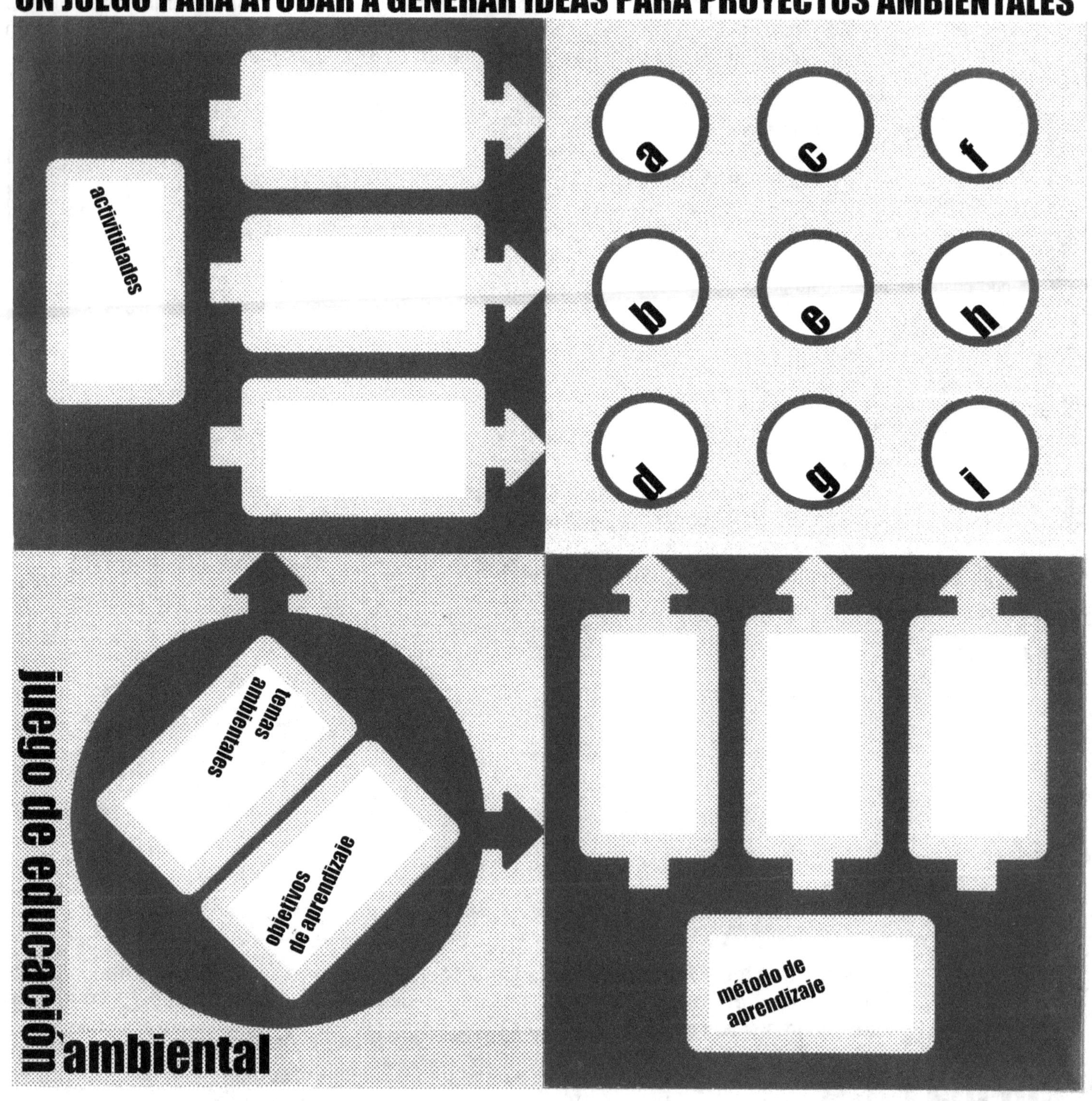

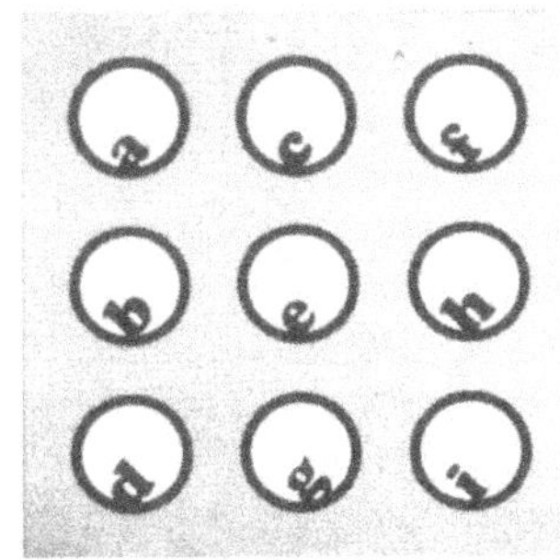

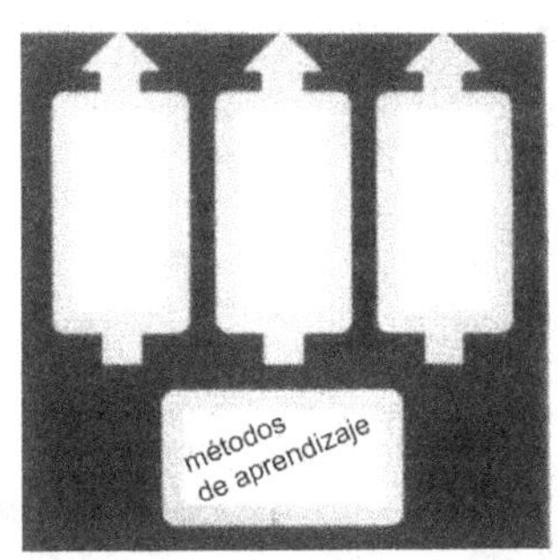

actividades

Descubra cómo la colocación del mobiliario puede afectar el uso del espacio.

Descubra cómo recoger y organizar información en el proceso de diseño.

Examine cómo los colores afectan nuestros sentimiento.

Descubra por qué las fuentes de energía son un problema para los diseñadores.

Compare la circulación de las personas con la circulación de los vehículos.

Examine los propósitos y el uso de los parques en la ciudad.

Examine qué hacen los arquitectos.

Descubra cómo sus actividades personales se relacionan con los demás.

Comparación de colores en el entorno construido, con los de la naturaleza.

Compare los colores en el entorno construido, con los de la naturaleza.

Examine cómo el uso espacial ha sugerido la forma de los espacios.

Examine el papel de los participantes en el proceso de diseño.

Descubra cómo ciertos lugares influyen en la integración entre las personas.

Examine cómo la dimensión humana afecta el diseño.

Examine cómo los lugares construidos para los niños facilitan el juego.

Descubra las causas de deterioro en las áreas del centro.

Descubra cómo la luz influye en la forma de espacios.

Examine la relación de los sonidos en el entorno.

Examine el proceso de planificación urbana.

Examine la relación entre el clima y confort interno.

Examine cómo las regulaciones de zonificación influyen en la calidad del entorno visual.

Descubra cómo podemos reutilizar nuestro entorno construido.

Examine las cuestiones legislativas locales que afectan a las decisiones de planificación pública.

Examine cómo se ven y se sienten las superficies diferentes.

Examine las fuentes de contaminación en el entorno construido.

Descubra cómo nos comunicamos con el color.

Examine el transporte público en su ciudad.

Examine cómo están construidos los edificios en su comunidad.

Examine cómo el movimiento de la gente sugiere la forma de los espacios.

Descubra cómo los espacios abiertos y cerrados afectan los sentimientos.

Examine cómo los edificios son compatibles y se incluyen.

Examine la relación entre cómo vive la gente y cómo construyen.

Instrucciones

Este juego de mesa se juega con un grupo de 3 a 5 personas. Cada paso se inicia con las elecciónes individuales seguidas de una discusión en grupo para decidir la elección de grupo. A medida que comienza la discusión en grupo, se incita a los jugadores a apoyar con entusiasmo sus elecciones personales hasta que convezcan a otros, o sean convencidos por los demás, de que una única elección debe ser la adoptada por el grupo.

Paso 1. Para comenzar, cada jugador selecciona el objetivo de aprendizaje que considere es el más importante de la lista de la derecha. (Puede usar esta lista para hacer un "mazo" de cartas de objetivos, agregando los objetivos que considere que deben ser considerados). Los jugadores discuten sus opciones y escogen de entre las opciones individuales la decision de grupo. Se coloca la última carta en el tablero en el punto objetivo de aprendizaje.

Paso 2. Cada jugador elige un tema ambiental, que él / ella sienta que es el más importante cuando se trabaja con los estudiantes. Se discuten las opciones como grupo, una vez más con todas las opciones individuales expuestas a todos. A continuación, se coloca la tarjeta que corresponde a la elección de grupo en el cuadro de tema.

Paso 3. Usando el tema del medio ambiente como base para sus decisiones, elegir de forma individual tres ACTIVIDADES. Con una puesta en común de las opciones, en grupo se ponen de acuerdo sobre tres actividades; a continuación se colocan las cartas boca arriba en la casilla correspondiente en el tablero de juego.

Paso 4. Consultar el OBJETIVO DE APRENDIZAJE en el tablero de juego y decidir tres métodos de aprendizaje que mejor apoyen su objetivo. Discutir como grupo. Colocar tres opciones en el tablero de juego.

Paso 5. Ahora miren detenidamente lo que se ha elegido. Las relaciones entre todos los elementos del proceso se pueden ver en la matriz que se ha creado en la última casilla del tablero de juego. Utilizar estas combinaciones de ideas, generadas como punto de partida, para realizar actividades de grupo o para planear una lección.

Paso 6. Cuando se hayan decidido proyectos de grupo adecuados - ya sea para los jugadores del juego de mesa, o de un grupo más grande como una clase -continúe con una evaluación sistemática de las actividades que se han llevado a cabo. Puede usar la hoja de cálculo de la siguiente página como un posible modelo para su evaluación. Ver qué tan bien empatan sus decisiones de juego con los resultados del proyecto.

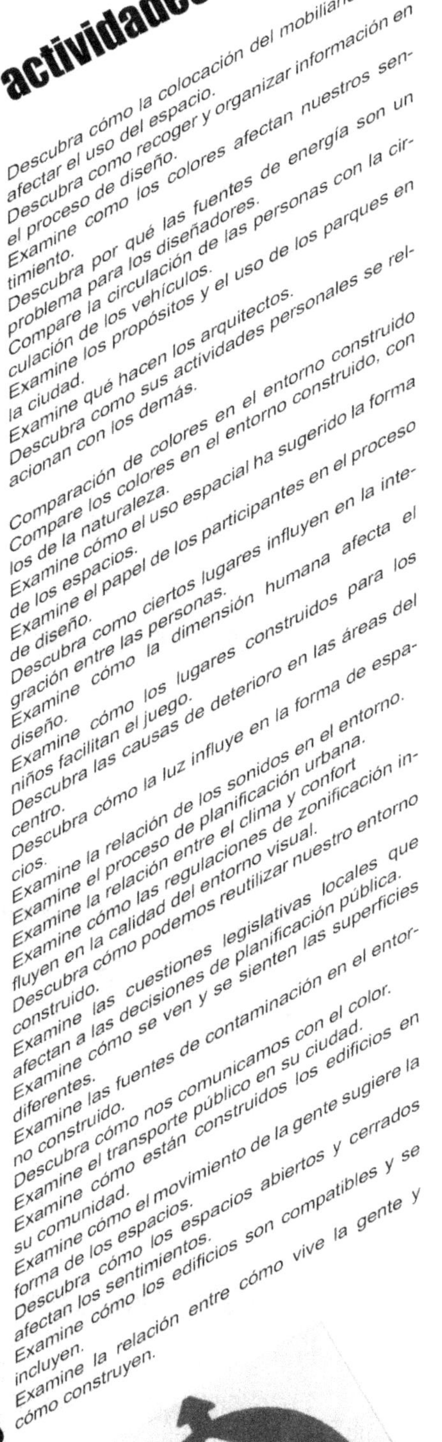

temas del ambiente

Modificando y cambiando el entorno construido

Conocer el medio ambiente a través de experiencias sensoriales

¿Cómo afecta nuestro medio ambiente nuestras actividades?

Las personas que usan, diseño, y hacen de nuestro entorno

Sistemas en el entorno construido

objetivos de aprendizaje

La simulación de la curiosidad y la imaginación

Desarrollo y promoción de ingenio

experimentar el aprendizaje

El desarrollo de habilidades de resolución de problemas

El desarrollo de habilidades técnicas

El desarrollo de la motivación para el aprendizaje

El desarrollo de la iniciativa y la espontaneidad

Potenciar el espíritu de la identidad de la comunidad de los estudiantes

El desarrollo de la agudeza perceptiva

El desarrollo de habilidades de comunicación

El desarrollo de la conciencia social

El desarrollo de un sentido de la realidad

Fomentar la auto-expresión

El desarrollo de un sentido de la responsabilidad

métodos de aprendizaje

Representar situaciones en grupo

la resolución de problemas en grupo

Identificar y hablar a los expertos

Participar en la modificación del entorno

Pregunta actitudes de la gente

Expresar cómo se siente

Comunicar sus conclusiones a los demás

Representar gráficamente sus ideas

Observar el comportamiento de las personas en el entorno

Describir los ajustes ambientales

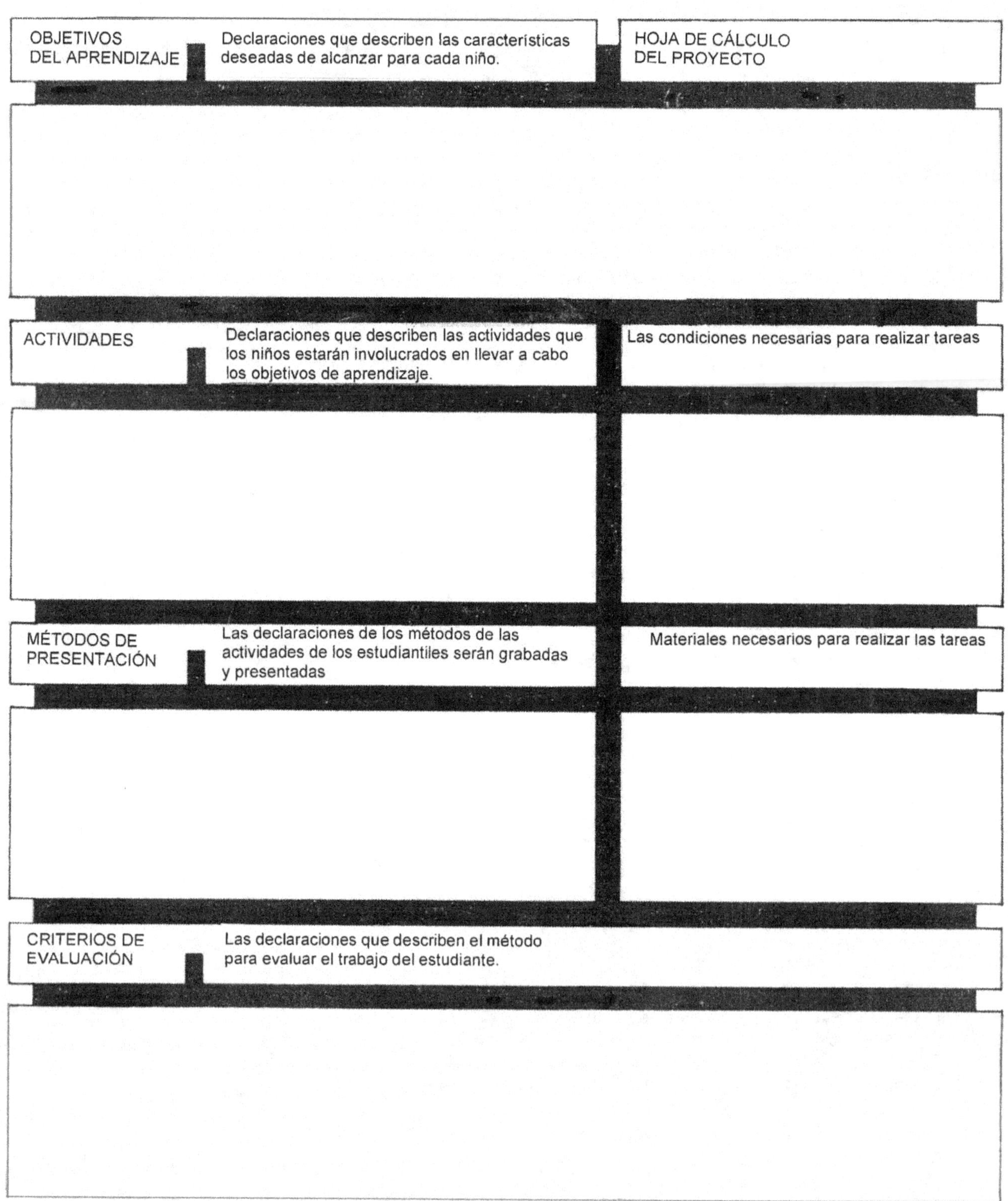

Una hoja de trabajo para la planificación y evaluación de los proyectos ambientales en grupo.

<table>
<tr><td>

SIGNIFICADO AMBIENTAL   (1)

objetivos

Para experimentar directamente conceptos tales como la escala, el contorno, planta, alzado, y la representación topográfica en una forma fácilmente manipulada.

actividades

Etapa 5.
El diseño de propuestas de proyectos

Cada grupo de estudiantes se le dio un mapa topográfico (1 pulgada = 10 pies} y se les hizo dibujar a escala sus propuestas de diseño. Mediante el uso de los mapas topográficos que fueron capaces de hacer modelos a escala real de los cambios en alzado que ocurren en el sitio. A partir de estos modelos que fueron capaces de determinar la forma de clasificar el sitio para dar cabida a sus diseños y cómo los cambios en alzado afectarían a los patrones de vegetación y drenaje existentes del sitio. Los modelos se componen de capas de cartón sobre soportes de espuma de poliestireno después de una escala en alzado de 1 pulgada = 5 pies. Los estudiantes utilizan yeso de París sobre una base de tela metálica de la cúpula usada para representar una cúpula hinchable para cubrir el campo de fútbol durante los meses de invierno del año. Vegetación natural se emplea para indicar la vegetación sitio. Se mostrarán los modelos para el inspección de toda la escuela".

vocabulario
escala
cortar y rellenar
plan
elevación
mapa topográfico
escapada

materiales
alambre de pollo
yeso blanco, pintura
áminas de espuma de poliestireno
hojas de cartón
goma de pegar
ramitas de cedro, limpiadores de pipa
escofina, archivos, sierra de calar

</td><td>

SIGNIFICADO AMBIENTAL   (5)

objetivos

Para familiarizar a los niños con el propósito y para permitirles explorar alternativas de uso de la tierra.

actividades

Etapa 1.

(1) presenta el proyecto para los estudiantes
(2) votó por un nombre de proyecto ("En busca del vellocino de oro" se decidió)
(3) una lluvia de ideas de alternativas de uso del suelo
(4) Agrupados estos usos en regiones similares de actividad
(5) Los estudiantes experimentaron el sitio directamente

vocabulario
planificación de la tierra de largo alcance
evaluación de uso de la tierra
necesidades de los usuarios

materiales

</td></tr>
</table>

Hojas de trabajo de un proyecto para un centro

PALABRAS DESCRIPTIVAS

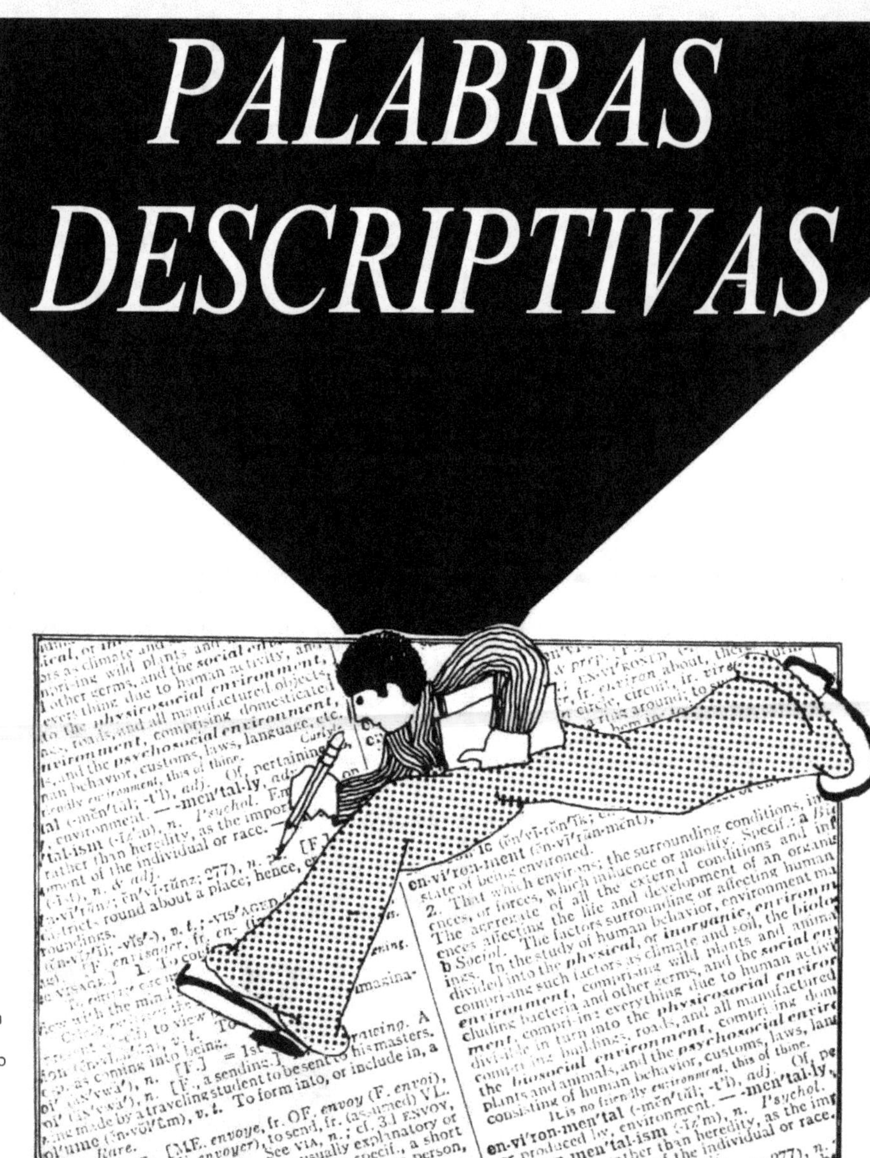

Activo - Pasivo
Adecuado - Tamaño insuficiente
Afectado - Independiente
Vivo - Muerto
Atractivo - Poco atractivo
Color ascendente -
Color descendente
Atractivo - Repugnante
Hermoso - Feo
Brillante - Romo
Colores brillantes - Colores apagados
Atareado - Calma
Calmante - Perturbador
Cambiable - Incambiable
Alegre - Melancólico
Limpio - Sucio
Tosco - Liso
Colorido - Monótono
Cómodo - Incómodo
Temperatura confortable -
Temperatura Incómoda
Completo - Incompleto
Complejo - Simple
Confundido - Claro
Consonante - Disonante
Contemporáneo - Tradicional
Contenido - Descontento
Conveniente - Inconveniente
Coordinado - Descoordinado
Acogedora - Monumental
Cultivado - Des cultivado
De fecha - Eterno
Decorado - Escueto
Profundo - Llano
Espacio definido - Espacio indefinido
Definido volumen - Volumen indefinido
Deprimente - Estimulante
Iluminación difusa - Iluminación directa
Digna - Poco digna
Dirigido - No dirigido
Distintivo - Ordinario
Escala descendente - Escala ascendente
Con corrientes de aire - Congestión
Seco - Húmedo
Espacio dinámico - Espacio estático
Eficiente - Ineficiente
Elegante - Sin adornos
Vacío - Lleno
Alentadora - Desalentar
Suavizante - Cacofónico
Textura uniforme - Textura desigual
Emocionante - Aburrido
Caro - Barato
Expresiva - Des expresiva
Familiar - No familiar
Moda - Moda pasada
Fatigante - Vigorizante
Femenino - Masculino
Terminado - Sin terminar
Colores llamativos - Colores tenues
Flexible - Rígido
Formal - informal
Formado - Sin Forma
Frágil - Robusto
Espacio libre - Espacio restringido
Olor fresco - Olor rancio
Amistoso - Antipático
Con volantes - Entallado
Funcional - No funcional
Contento - Triste
Suave - Brutal
El deslumbrarse - Discreto
Bueno - Malo
Una buena acústica - Mala acústica
Buenos colores - Malos colores
Una buena iluminación - Falta de iluminación
Buenas líneas - Malas líneas
Buen olor - Mal olor
Buena temperatura - Mala temperatura
Buena ventilación - Mala ventilación
Agraciado - Torpe
Suave - Duro
Textura dura - Textura suave
Armoniosa - Discordante

Saludable - No saludable
Pesada - Ligera
Heterogénea - Homogénea
Alta - Baja
Honesto - Deshonesto
Volumen horizontal - Volumen vertical
Hospitalario - Inhospitable
Caliente - Frío
Enorme - Minúsculo
Escala humana - Escala Inhumanos
Imaginativa – Des imaginativa
Impersonal - Personal
Impresionante - Des impresionante
Dirigida hacia el interior - Dirigida hacia el exterior
Inspirador - Desalentar
Interesante – Des interesante
Acogedor - Rechazar
Grande - pequeño
Perezoso - Energético
Claro - Oscuro
Habitable - inhabitable
Festivo - Aburrido
Largo - Corto
Significativo - Sin sentido
Espacio mecánico - Espacio no mecánico
Moderno - Pasado de moda
Usos múltiples - Objetivo individual
Místico - No místico
Natural - Artificial
Ordenado - Desordenado
Nuevo - Viejo
Bonito - horrible
Sin olor - Fuerte olor
Abierto - Cerrado
Ordenado - Caótico
Organizado - Desorganizado
Adornado – Sin lujo
Ortodoxo - Poco ortodoxo
Agradable - Desagradable
Agradables - Molesto
Felpa - Austero
Pulido - sin pulir
Popular - Impopular
Positivo - Negativo
Pretencioso - Sin pretensiones
Privado - Publico
Progresivo - Conservador
Proporcional - Desproporcional
Callado - Ruidoso
Real - Falso
Rectilínea - Curvilíneo
Refinada - Sin refinar
Refrescante - Fatigante
Regular - Irregular
Relacionados - Sin relación
Relajado - Tenso
Buena reputación - Mala reputación
Reservado - Tabúes
Resonante - Plano
Restringido - Desenfrenado
Restringido - Sin restricciones
Reverentes - Irreverente
Rítmica - Sin Rítmica
Rico - pobre
Raquítico - Estable
Romántico - Poco romántico
Espaciosa - Apretado
Escénico - No atractivo
Espacio en corte - Espacio indiferenciado
Seguro - Inseguro
Tranquilo - Extravagante
Sensible - Insensible
Sensual - Remilgado
Sereno - Perturbado
Grave - Humorístico
Conformado - Des conformado
Afilado - Obtuso
Sincero - insincero
Sociable - Insociable
Suavizante - Distracción
Sofisticado - Crudo
Espumoso - Sórdido
Espiritual - Seglar
Estereotipado - Original

Cómo nos comportamos en un lugar específico, depende de cómo nos hace sentir algo ese Pero a menudo, si queremos decir qué se siente o significa para nosotros, se nos dificultará poner en palabras nuestros sentimientos.

Las descripciones pueden ser muy concretas y generals, por ejemplo: El señor Webster determina que una casa es un edificio donde vivir. Esta descripción también puede ser asociativa y específica, ya que casa para el señor Webster puede ser, vieja, habitable, urbana y hermosa, oscura y estrecha, y otras modalidades.

Creemos que el medio ambiente tiene un significado importante para cada uno de nosotros a pesar de que nuestras asociaciones sobre el medio ambiente pueden ser diferentes. A veces es posible entender mejor un medio ambiente específico si hacemos libre asociacion o generamos varias palabras descriptivas que podemos identificar.

Recopilamos una larga lista de palabras y sus opuestos que describen bien el medio ambiente. Cada par de palabras se puede utilizar para describir su clase, su casa, su lugar de servicio religioso o cualquier otro ambiente que quiera elegir. Este nuevo vocabulario puede ayudarlo a ver y entender las cualidades sutiles y variadas de su ambiente construido. Agregre palabra a la lista según lo requiera, ¡las posibilidades son infinitas!

¿Qué palabras describen a estos lugares?

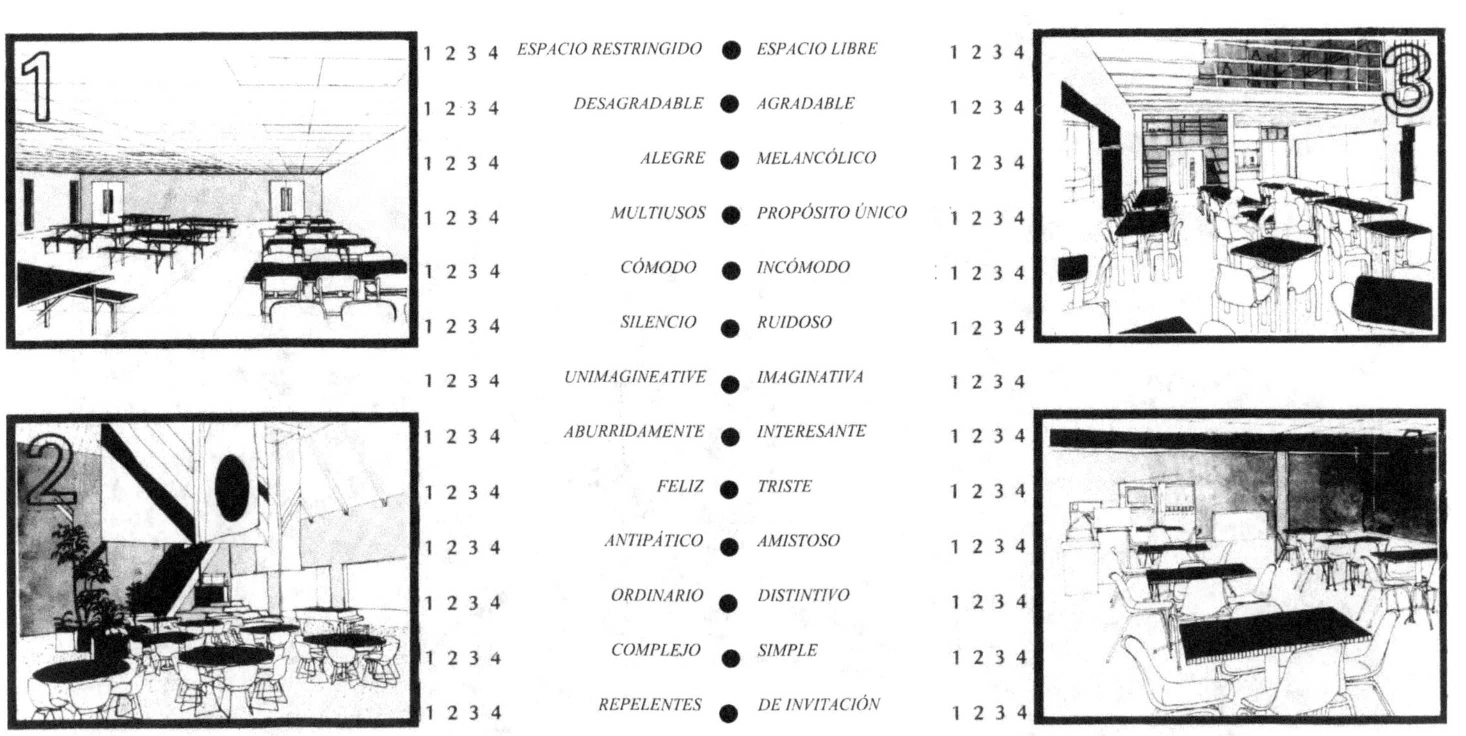

COMEDOR

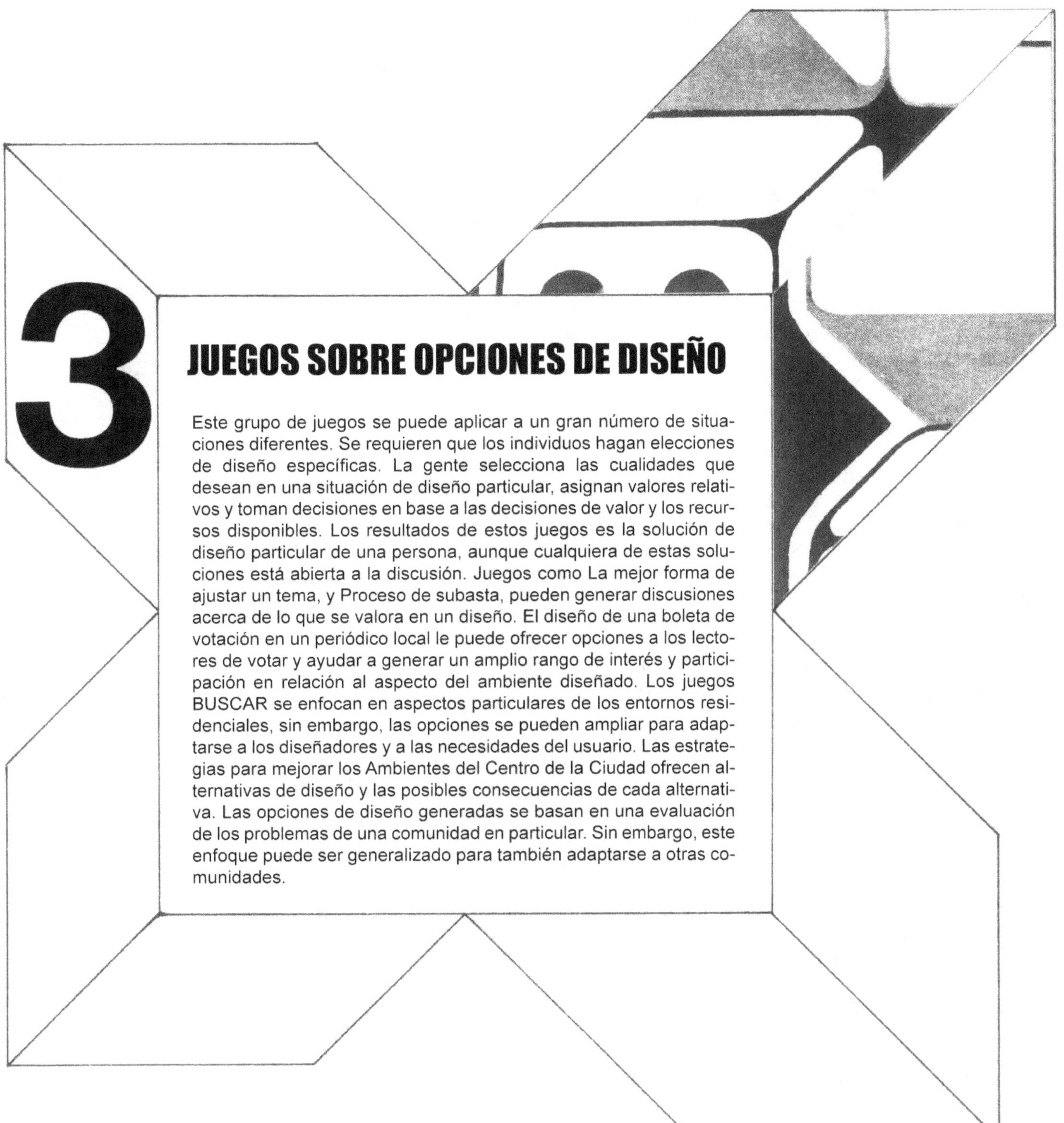

3 JUEGOS SOBRE OPCIONES DE DISEÑO

Este grupo de juegos se puede aplicar a un gran número de situaciones diferentes. Se requieren que los individuos hagan elecciones de diseño específicas. La gente selecciona las cualidades que desean en una situación de diseño particular, asignan valores relativos y toman decisiones en base a las decisiones de valor y los recursos disponibles. Los resultados de estos juegos es la solución de diseño particular de una persona, aunque cualquiera de estas soluciones está abierta a la discusión. Juegos como La mejor forma de ajustar un tema, y Proceso de subasta, pueden generar discusiones acerca de lo que se valora en un diseño. El diseño de una boleta de votación en un periódico local le puede ofrecer opciones a los lectores de votar y ayudar a generar un amplio rango de interés y participación en relación al aspecto del ambiente diseñado. Los juegos BUSCAR se enfocan en aspectos particulares de los entornos residenciales, sin embargo, las opciones se pueden ampliar para adaptarse a los diseñadores y a las necesidades del usuario. Las estrategias para mejorar los Ambientes del Centro de la Ciudad ofrecen alternativas de diseño y las posibles consecuencias de cada alternativa. Las opciones de diseño generadas se basan en una evaluación de los problemas de una comunidad en particular. Sin embargo, este enfoque puede ser generalizado para también adaptarse a otras comunidades.

SUBASTA DE TEMAS

El Instituto Americano de Arquitectos (AIA) ha decidido elegir la declaración política que desea apoyar. Una subasta se lleva a cabo cuando se esta compitiendo por la influencia necesaria para hacer cumplir la declaración política. Sólo las decisiones comprados en una subasta se pueden incluir en su lista de prioridades. Para cada artículo adquirido, se le acredita con un número de unidades de influencia establecidas originalmente para el artículo, independientemente de la cantidad pagada. El objetivo es adquirir tantos temas de alta prioridad en su declaración política, como sea posible. Usted solamente tiene setenta unidades de las que puede hacer uso en la subasta.

¡Buena suerte! ¡Gana la mayor puntuación! Oh si, el ganador no sólo obtiene la mayor oportunidad de cambiar el futuro, sino también un trabajo de $100,000 dls al año en AFP (AIA por sus siglas en inglés).

DIRECCIONES

A partir de un conjunto de temas de diseño, usted y sus colegas deben seleccionar los siete que sean los más importantes para responder la pregunta, ¿Qué es lo más importante que debemos considerer para aumentar la sensibilidad del entorno construido, en relación a las necesidades de la gente?

Paso 1. Haga una baraja de cartas de temas de la lista de la derecha, agregando cualquier otro asunto que le gustaría que se discutiera en la reunion política de AFP (AIA por sus siglas en inglés). Barajar los naipes.

Paso 2. Cada jugador tiene $ 100 dls para gastar en la subasta. Tome temas del mazo de barajas de uno en uno y haga ofertas. El mejor postor para cada tema, toma ese tema para su lista de prioridades. Continuar ofertando hasta que todo el mazo se haya trabajado o hasta que cada jugador haya gastado $100 dls.

Paso 3. Cada jugador clasifica los temas que el o ella haya adquirido de acuerdo a sus prioridades.

Paso 4. Cada jugador tiene 70 "puntos de influencia ". Continúe en la mesa de conferencias discutiendo los primeros temas prioritarios de cada jugador. Según se presente el tema, vote por uno a la vez usando los puntos de influencia. Cualquier jugador puede votar por cualquiera de los temas que surjan. Siga en la mesa de conferencia votando, o hasta que se agote toda su "influencia". Cuando se hayan hecho todas las votaciones, clasifique los primeros siete temas que ganaron la votación. Esos son el andamiaje de la declaración política de su grupo.

¡Buena suerte!

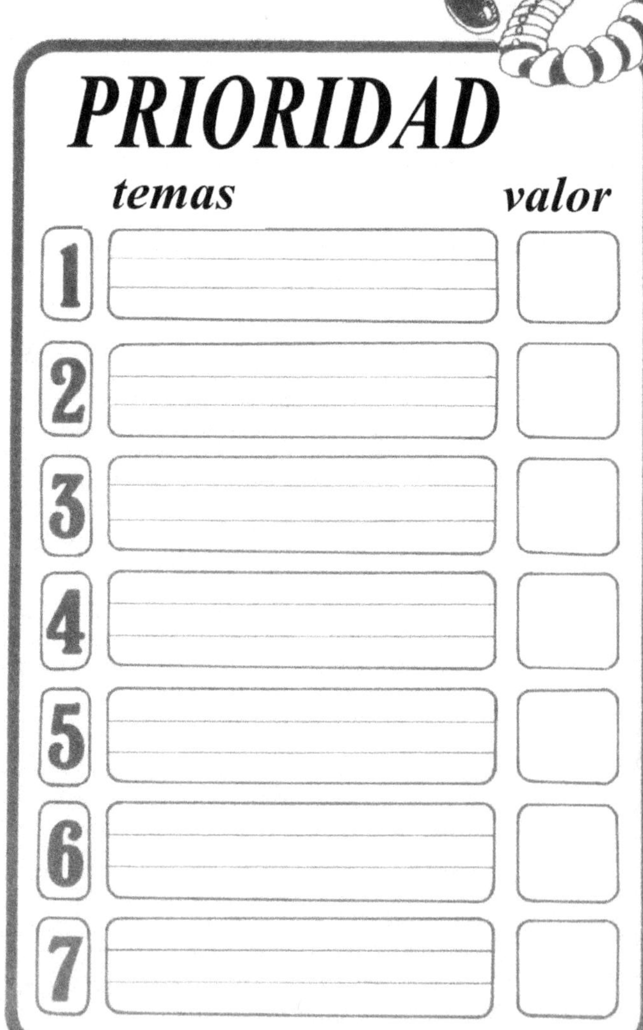

Temas

Cómo considerar los requisites psicológicos de un espacio individual

Cómo la gente mantiene su privacidad en un mundo atestado

Relación entre densidad y muchedumbre

Experiencia de la complejidad en el ambiente construido

Cómo la gente usa el ambiente construido para orientarse

¿Debemos atribuir significado al color?

Los atributos del espacio vivo comparado al del espacio muerto

El ajuste entre las actividades que realizamos y el ambiente diseñado para favorecerlas

Cómo la calidad espacial expresa el estatus social

Cómo influye la disposición de los muebles en la interacción social

Cómo describimos el ambiente construido

Cómo simular puede utilizarse para comprender el ambiente construido

Cómo evaluamos la calidad del ambiente construido

Relación entre forma y función

Cualidades espaciales que diferencian el espacio público del espacio privado

Relación entre la forma ambiental y el comportamiento humano

Cómo la luz se utiliza para definir el espacio en los edificios viejos

Relación entre el diseño de construcción y el comfort

Cómo la escala de nuestro ambiente construido afecta a las personas

Provisión de opciones en el ambiente construido para las poblaciones especiales

Fronteras invisibles en el ambiente construido

Cómo las personas personalizan el espacio que habitan

Participación de los usuarios del proceso de diseño

Cómo las personas defienden su territorio contra la invasión de otros

La forma de la casa y su relación cultural

Relación entre la densidad de población y el acceso a recursos disponible

Cómo nos afectan las "señales" del ambiente construido

Cómo identificar las percepciones del usuario sobre el ambiente construido

Relación entre las medidas humanas y las dimensiones del ambiente construido

INSTRUCCIONES:

Esta típica fachada de bloques se puede encontrar en la mayoría de comunidades donde las áreas residenciales han permanecido sin cambios por muchas décadas. Hoy en día, el abandono y una rápida decadencia han colocado a muchos bloques de este tipo en la necesidad de ser reemplazado o reparados. Con el fin de asegurar que hay una cierta continuidad en el proceso de restauración de las más antiguas zonas residenciales, a menudo es necesario evaluar con mucho cuidado nuevas propuestas de construcción. Esto se hace comparando cada nueva propuesta, con criterios específicos desarrollados para asegurar la conservación de esas cualidades únicas que hacen visualmente distintivos a los edificios antiguos.

En su regla de cálculo se encuentra un dibujo de Front Street, un bloque residencial típico en el centro de la cuidad de 'Sergorp'. Uno de los edificios ha sido desaprobado por el departamento de construcción de Sergorp, ya que no es seguro que se habite. Hay doce propuestas para que el edificio censurado sea nuevamente utilizado.

Como ciudadano interesado, su trabajo consiste en asegurar la selección de una propuesta que permita preservar el carácter singular de la Calle Front. Usando la lista de criterios que se ha proporcionado, revise cada una de las doce propuestas de diseño y decida qué propuesta se ajusta mejor al espacio disponible. Sólo la propuesta que satisfaga los ocho criterios, puede considerarse aceptable.

CRITERIOS DE LISTA DE CONTROL
Cada propuesta debe evaluarse utilizando los siguientes criterios, y debe cuidar la semejanza con los edificios vecinos de acuerdo a lo siguiente:

- altura relativa
- silueta del techo
- proporción de las hendiduras de puertas y ventanas
- el uso de la ornamentación
- uso del edificio
- variación de la superficie
- anchura relativa
- la alineación de las hendiduras de ventanas y puertas

CORTAR ESTA REGLA DE CÁLCULO

Utilice esta página extra para cortar su propia regla de cálculo de precision.

BEST FIT SLIDE RULE

INSTRUCCIONES:

Esta típica fachada de bloques se puede encontrar en la mayoría de comunidades donde las áreas residenciales han permanecido sin cambios por muchas décadas. Hoy en día, el abandono y una rápida decadencia han colocado a muchos bloques de este tipo en la necesidad de ser reemplazado o reparados. Con el fin de asegurar que hay una cierta continuidad en el proceso de restauración de las más antiguas zonas residenciales, a menudo es necesario evaluar con mucho cuidado nuevas propuestas de construcción. Esto se hace comparando cada nueva propuesta, con criterios específicos desarrollados para asegurar la conservación de esas cualidades únicas que hacen visualmente distintivos a los edificios antiguos.

En su regla de cálculo se encuentra un dibujo de Front Street, un bloque residencial típico en el centro de la cuidad de 'Sergorp'. Uno de los edificios ha sido desaprobado por el departamento de construcción de Sergorp, ya que no es seguro que se habite. Hay doce propuestas para que el edificio censurado sea nuevamente utilizado.

Como ciudadano interesado, su trabajo consiste en asegurar la selección de una propuesta que permita preservar el carácter singular de la Calle Front. Usando la lista de criterios que se ha proporcionado, revise cada una de las doce propuestas de diseño y decida qué propuesta se ajusta mejor al espacio disponible. Sólo la propuesta que satisfaga los ocho criterios, puede considerarse aceptable.

CRITERIOS DE LISTA DE CONTROL
Cada propuesta debe evaluarse utilizando los siguientes criterios, y debe cuidar la semejanza con los edificios vecinos de acuerdo a lo siguiente:

- altura relativa
- silueta del techo
- proporción de las hendiduras de puertas y ventanas
- el uso de la ornamentación
- uso del edificio
- variación de la superficie
- anchura relativa
- la alineación de las hendiduras de ventanas y puertas

INSTRUCCIONES DE MONTAJE

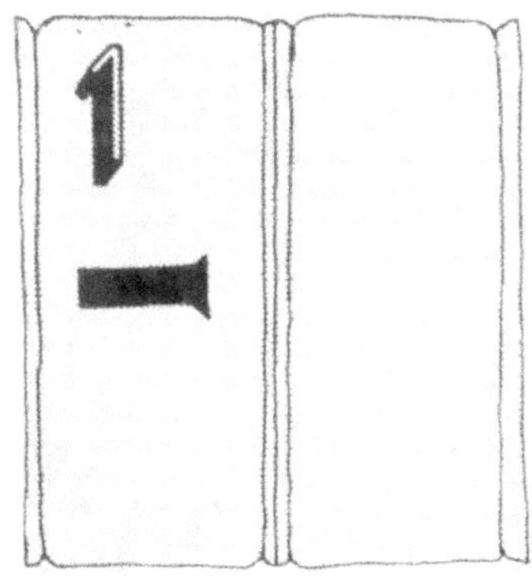

Retire la página anterior de este libro. Corte la regla de cálculo a lo largo de las líneas punteadas que se encuentran a lo largo del borde exterior. A continuación, corte cuidadosamente el panel negro como se indica.

Usando una regla como guía, doble a lo largo de la líneas punteadas y y discontin-uas (- - - - - -). Utilice esta imagen para determinar la dirección de los dobleces.

Luego, doble uniendo los paneles fron-tal y trasero, asegurándose de que las pestañas se intercalan entre los dos paneles.

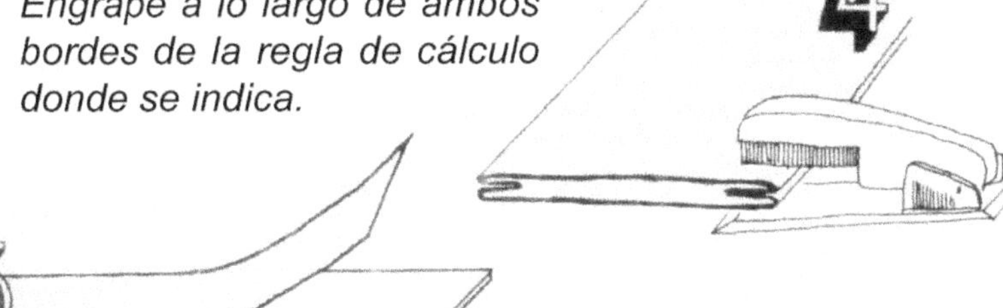

Engrape a lo largo de ambos bordes de la regla de cálculo donde se indica.

Corte la tira (en esta página) a lo largo de las líneas punteadas y péguelo en un pedazo de cartón. Corte el exceso de cartón que sea necesario, e inserte esta banda en la ranura. Lea las instrucciones y ya está listo!

de Henry Sanoff, *Diseñando con participación comunitaria*, (Dowden, Hutchinson y Ross, 1978)

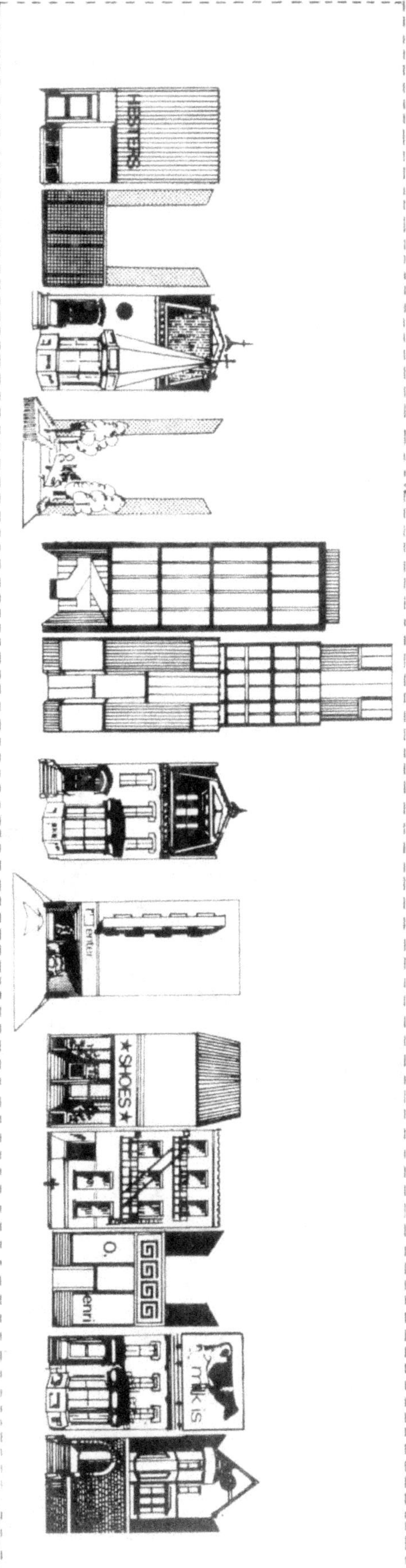

CORTAR ESTA REGLA DE CÁLCULO

INSTRUCCIONES DE MONTAJE

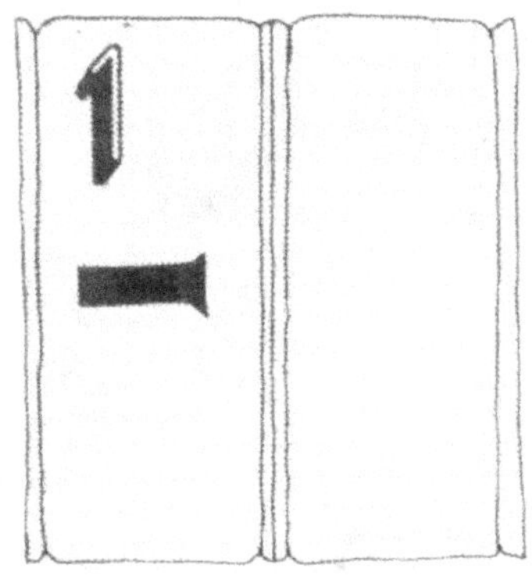

Retire la página anterior de este libro. Corte la regla de cálculo a lo largo de las líneas punteadas que se encuentran a lo largo del borde exterior. A continuación, corte cuidadosamente el panel negro como se indica.

Usando una regla como guía, doble a lo largo de la líneas punteadas y y discontinuas (- - - - - - -). Utilice esta imagen para determinar la dirección de los dobleces.

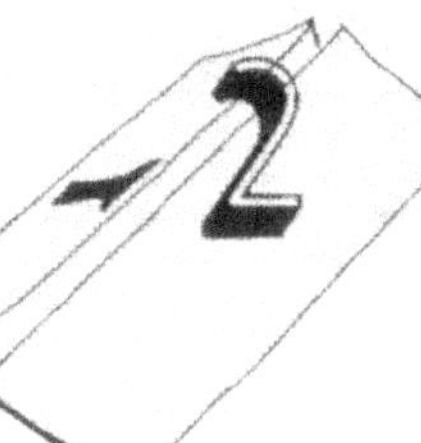

Luego, doble uniendo los paneles frontal y trasero, asegurándose de que las pestañas se intercalan entre los dos paneles.

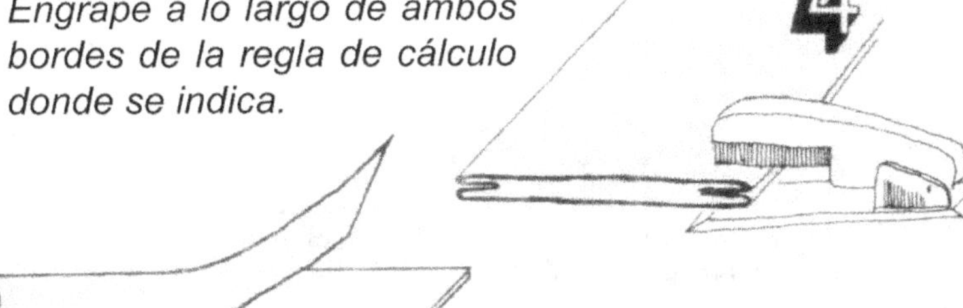

Engrape a lo largo de ambos bordes de la regla de cálculo donde se indica.

Corte la tira (en esta página) a lo largo de las líneas punteadas y péguelo en un pedazo de cartón. Corte el exceso de cartón que sea necesario, e inserte esta banda en la ranura. Lea las instrucciones y ya está listo!

de Henry Sanoff, Diseñando con participación comunitaria, (Dowden, Hutchinson y Ross, 1978)

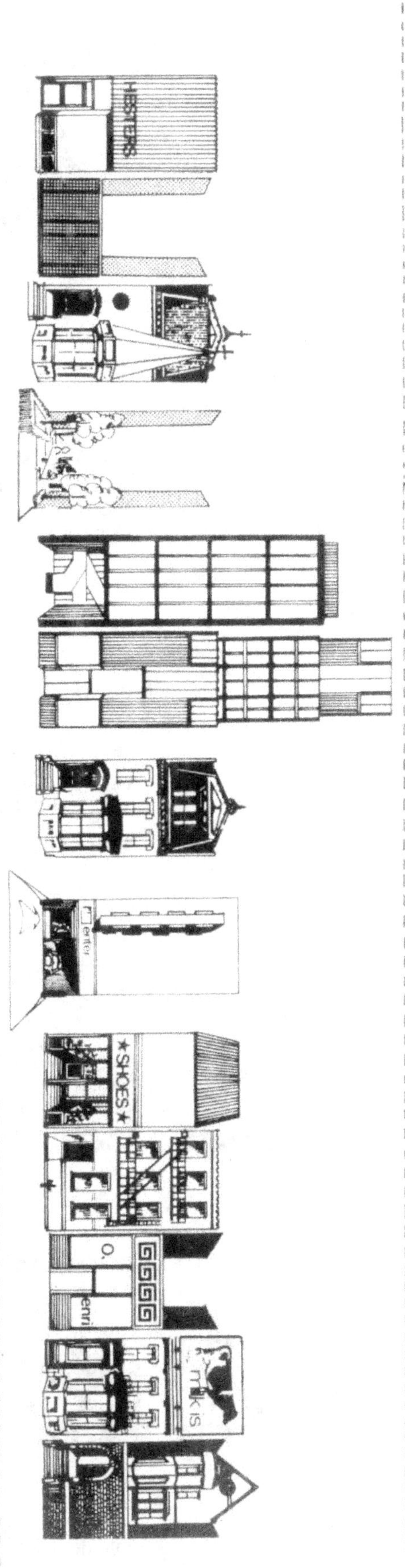

Un ejemplo de posibles soluciones alternativas manipulando la regla de cálculo.

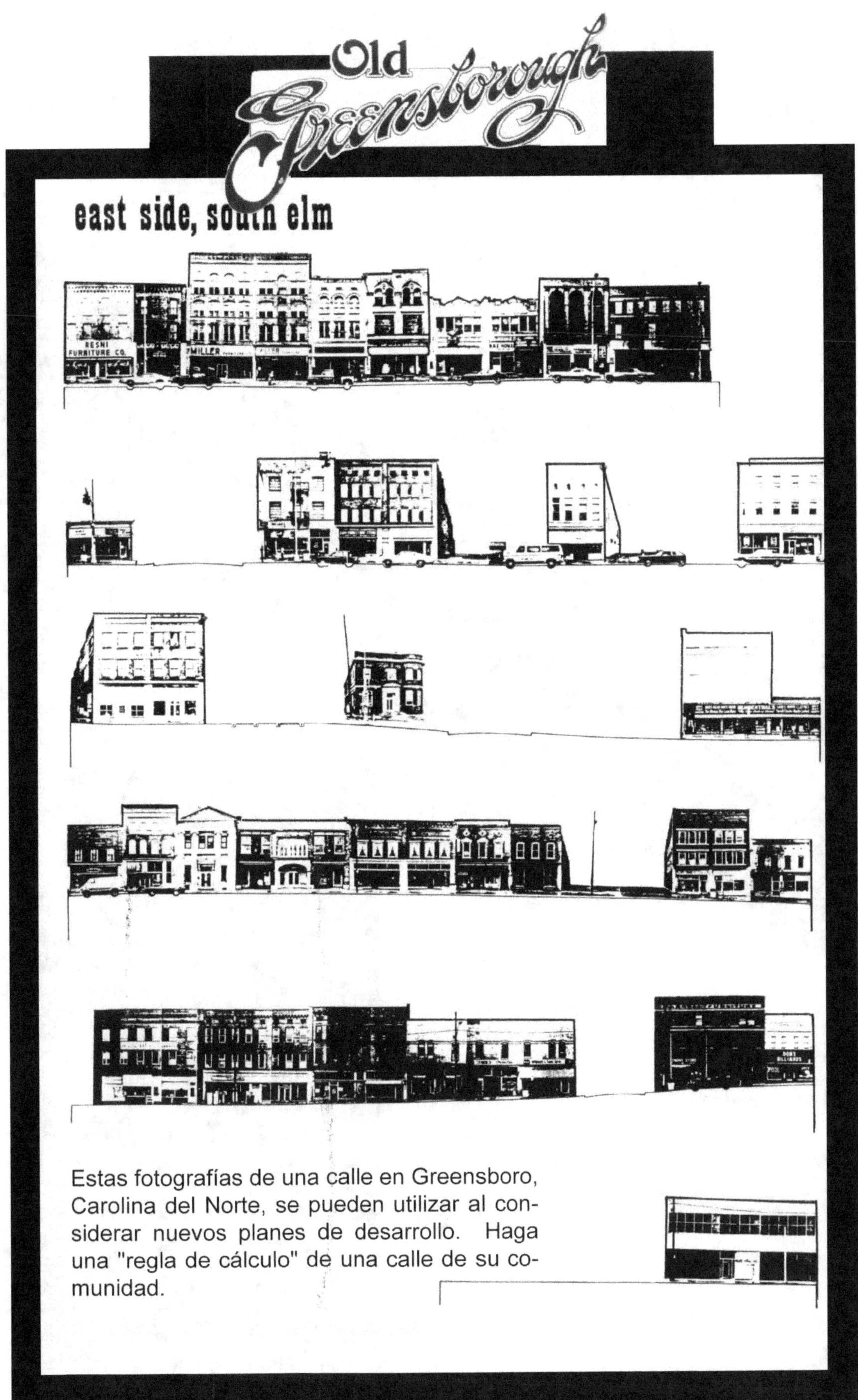

Estas fotografías de una calle en Greensboro, Carolina del Norte, se pueden utilizar al considerar nuevos planes de desarrollo. Haga una "regla de cálculo" de una calle de su comunidad.

Designer Lists Ways Old High School Could Be Used

The group of Farmville citizens interested in finding out what others in town think about restoring the old high school property postponed plans for a straw vote, in conjunction with Tuesday's election, until the public had been given results of a study and survey made by Richard Andrews of the North Carolina State University School of Design.

Andrews cited the following propositions:

- Renovating and adapting the old Farmville School for a community activity center would be cheaper than building a new community activity center.
- The old Farmville School may be placed on the National Historic Register. This makes renovation work eligible for federal funding.
- Funding to restore old buildings is easier to obtain than funding for new buildings.
- Renovating and adapting the old Farmville School would preserve a landmark with which many citizens identify.
- The existing building could be renovated and adapted to house:

A farmers' market	Public offices
Privately rented offices	Arts & crafts classrooms
Cafes	Scout meetings
A visitors' center	Civic club meetings

- The old Farmville School auditorium could be renovated and adapted for a little theater, a community concert hall, and a community meeting hall.
- Renovating and adapting the old Farmville School cafeteria would create space for community suppers, the elderly citizens' lunch program, fund raising dinners, and civic organization meetings.
- The old Farmville School gymnasium could become a town center for recreation, community dances, and art displays.
- The addition of a new community activity center would add more diversity to Farmville life, making it a more interesting place to live.
- Housing new activities in a renovated Farmville School would enliven the entire area, thus benefitting the adjacent downtown business.

Persons interested in the proposals are invited to state their positions on the following and return the form... The Enterprise office on North Main Street or to g[ive] opinions to The Enterprise, Box 247, F... signatures are required, and the poll is... of finding out if the town is intere[sted]... school, to what extent they are... they feel about the restora[tion]...

The Commissioners... demolishing the... gymnasium an[d]... agreed not... restore...

Controversy Swirls Around Old School

The straw ballot which appeared in last week's Enterprise drew more responses than had been anticipated when the decision was made to print the proposals and ask for opinions about the old high school property.

A reply came from a former Farmville resident who now lives in Columbia, S.C., another came from an ex-Farmville citizen who now lives in Richmond, Va.

The comments were interesting.

"Renovate the old school," demanded one.

To the first statement (The old Farmville school does not mean anything to Farmville's citizens. It should be demolished and a municipal building constructed on the site), one commented "This question is misleading. It does mean something to the citizens but what other site is there in Farmville?"

From Gina Allen Smith in Columbia, S.C., came this "The school renovating plan is an exciting challenge. Do something about it"

Said another who disagreed with all six proposals: "Keep the only thing that has helped downtown Farmville looking decent and helped our merchants. When you moved the school, children and teach[ers] from uptown, [it] has looked and... place to us... siders... go..."

alteration of structure could be made useful to a community. Certainly there are many worthwhile suggestions given by Mr. Andrews of the North Carolina State University School of Design but it is difficult for the average citizen to fill out the form given in the Enterrpise when all the facts are not known. For example: how many of the citizens of this community actually know whether the community center truly serves the needs of its citizens? Are there activities for the elderly now as part of the recreational program of the town? If there are facilities, is there a person who could head up such a program or would this too come under the supervision of the Recreation Director? How badly is a municipal building needed by the community? If the school is torn down, are there plans now in formation to build such a municipal building? What is the possibility of combining some municipal offices with other parts of the building used for community activities? All these and more questions mind as opinion... ed and de...

Jud...

w...

want our children and grandchildren to pay.

Since we already own it—much to my regret—let's tear it down, straighten out Belcher and Grimmersburg streets, and turn the rest of the property into a Town Common.

From Lucy Rumley, one of the leaders in the move to get the Commissioners to postpone final action on the school until studies could be made as to the building's restoration, has this comment:

"Among the many responses which I have received in the past two weeks concerning efforts to save our old school building are two which I think are especially important because they concern school buildings very similar to our school building. These buildings are just two of the many which communi[ties]... now taking the... and expense to...

"The fir[st]...

picture from the Boston Evening Globe for September 27, 1977, which shows a picture of the Palmer School in Needham, Mass., which was slated for demolition but is now slated to become housing for the elderly. This clipping came to me through the courtesy of Arthur Jones.

"The second article is in the September issue of 'Southern Living.' It shows a picture of a school building in Charlottesville, Va., which closely resembles our old building. This building has been renovated into the McGuffey Art Center. This article was called to my attention by my in-law, Mrs. Cecil... after it was ca[lled to my at]tention by... Lewis...

Mrs. Lucy Rumley, who has served as one of the leaders and spokesman of a group hoping the main building can be restored and put to good use by the town, told the Commissioners she was not sentimentally attached to the structure, although she went to school there, but she felt the buildings should not be torn down until restorers had inspected it, and determined to what uses it could be put. She cited the town's need for suitable meeting places. Mrs. Rumley said if an impartial study showed costs of restoration unreas-

School Is Given Reprieve; Board Delays Plans

Appearing Tuesday night before the Board of Commissioners, local citizens who are not convinced that the old high school buildings on Nor[th Main] Street are read[y]... heap won... the... [w]ere... [an]d... work... bid for... the high... ing, alone, was...

onable, she would agree the buildings should be torn down and would heartily support the board's decision to order the demolition. She added, however, that persons from State University had looked at the building, and were evaluating their findings. She asked the board to postpone the decision for possibly as long as six months until adequate studies are made.

Mrs. Grace Carraway, an[other] of the delegation... the buildings can be... and put to good... the presence of... ed buildings en... [tow]n's appearance... en said the town be better off by [re]storing the building, if it was not too costly, rather than tearing down the structures and having vacant lots.

As soon as the matter came up for discussion, Commissioner W. R. Duke asked that the question be postponed. He said he could not, in good conscience, vote to accept the bids and to order the buildings demolished until additional studies had been made.

Commissioner Jack Farrior cited the results of an inspection by a top engineer with the State Insurance Department who listed the improvements required before the building could be converted to public use. Farrior said the costs of maintaining, heating and cooling the building were almost prohibitive, much more than they would be for an efficiently-built structure.

The board's action evidently voids the bids received on October 25, since Town Administrator Pat Thomas informed the Commissioners, via memo, that they had 30 days from the date of opening to accept the bids.

Mayor Will Joyner presided over the session. Present were all members of the board: Mrs. Sara Albritton, Duke, Farrior, Durwood Little and John Turner Walston.

Straw Votes On School Will Be Taken Tuesday

An opinion survey concerning the old school property will be taken outside the polling area on Tuesday, Nov. 8.

Citizens will be asked to state their preference as to the future of the main school building.

The ballot will read: With relation to the old school property on Main Street, which action would you rather have taken: if feasible, restore the main school building; tear the main school building down and build a municipal complex; no opinion.

The results of the survey should help the town to decide what to do with the property.

Planning, Design Group Studies Local Building

A planning and design group in Raleigh has offered its services to the Town of Farmville for a study of the old school property.

The Community Development Group which provides technical assistance for individual and community projects that cannot afford these services is headed by Henry Sanoff. Mr. Sanoff is the Director of the School of Design at N. C. State University. The group has aided in projects across North Carolina, including ones in Cary, Salisbury, Lumberton and Murfreesboro.

In Farmville, members of the Group would assist by surveying the structure of the main school building for soundness, gathering ideas for alternative uses of the building and re-designing the space to accommodate the uses. Through their work, a determination of the community's need for the space in the building will be made. If a need exists, an estimate can be made of the costs of any action.

Mr. Sanoff and the Community Development Group have helped many small communities take advantage of the resources at hand and hope to assist Farmville in a thorough examination of the possibilities for the old school property.

Participación Pública

Con frecuencia, las comunidades están involucradas en proyectos ambientales que requieren algún tipo de respuesta o reacción ciudadana. Reconociendo que las reuniones públicas sólo atraen a los residentes vocales de la comunidad, la boleta de votación se concibió como una forma de involucrar a muchas más personas en reaccionar ante un problema ambiental.

La boleta de votación ilustrada consiste en proposiciones que describen propuestas alternativas para el futuro de un edificio vacío, y de declaraciones relacionadas con las actividades de la comunidad que podrían influir en los nuevos usos del edificio. En conjunto, estas partes de la votación proporcionan a los ciudadanos un método para expresar sus sentimientos.

Colegio de

Salven

INTRODUCCIÓN

LLa antigua Escuela Farmville está en peligro de ser demolida! Se propone construir un edificio municipal en su lugar. ¿No es hora de que alguien le pregunte a usted lo que quiere hacer, o ver qué sucede con la escuela? Creemos que sus propuestas pueden ayudar a todos los interesados a decidir el destino de la antigua Escuela Farmville.

INSTRUCCIONES

La antigua Escuela Farmville promueve una encuesta con preguntas importante que debemos contestar. La siguiente información le ayudará a formar su propia opinión sobre lo que debe hacerse con la antigua Escuela Farmville.

Después de leer detenidamente las cuatro primeras secciones, utilice los espacios proporcionados, ya sea para estar de acuerdo o en desacuerdo con las declaraciones en la sección anterior.

TEMAS

La antigua Escuela Farmville es algo más que un edificio antiguo. Es un punto de referencia con el que muchos de nosotros nos identificamos. Que el edificio es antiguo, no significa que deba ser destruido. Podría renovarse y transformarse Farmville para ser utilizado como un centro de actividad de la comunidad. La renovación y la transformación del edificio reflejaría el espíritu de conservación de Farmville, preservando al mismo tiempo una parte importante del patrimonio de los pueblos.

PROPUESTAS

• La renovación y adaptación de la antigua Escuela Farmville para un centro de actividad de la comunidad, sería más barato que construir un nuevo centro de actividad de la comunidad.

• La antigua Escuela Farmville puede implantarse en el Registro Histórico Nacional. Esto da lugar a que los trabajos de renovación sean elegidos por los fondos federales.

• Es más fácil de obtener fondos para restaurar edificios antiguos que obtener fondos para nuevos edificios.

• La renovación y la adaptación de la antigua Escuela Farmville, preservaría una referencia de identidad de muchos de sus ciudadanos.

• El edificio existente podría ser renovado y adaptado para albergar:
>Oficinas públicas
>Aulas de artes y artesanías
>Reuniones de scouts
>Reuniones de clubes cívicos
>Mercado agrícola
>Oficinas privadas en renta
>Cafés
>Centro de visitantes

• El auditorio de la antigua Escuela Farmville podría ser renovado y adaptado para un teatro pequeño, una sala de conciertos de la comunidad y una sala de reunión de la comunidad.

• La renovación y adaptación de la cafetería de la antigua Escuela Farmville podría dar un espacio para banquetes de la comunidad, programa de almuerzo para la tercera edad, cenas de recaudación de fondos, y reuniones de organizaciones cívicas.

• El gimnasio de la antigua Escuela Farmville podría convertirse en un centro de la ciudad para la recreación, bailes de la comunidad, y exposiciones de arte.

• Incorporar un nuevo centro de actividad, se sumaría a una mayor diversidad a la vida de Farmville, haciendo de él un lugar más interesante para vivir.

• Las viviendas para nuevas actividades en una Escuela Farmville renovada, animaría toda la zona, beneficiando a los centros comerciales adyacentes.

PLANTEAMIIENTOS

1. La antigua Escuela Farmville no significa nada para los ciudadanos de Farmville. Puede ser demolido y construido en su lugar un edificio municipal.

2. El lugar de la Antigua Escuela Farmville, es el único en que se puede ubicar un nuevo edificio municipal.

3. El actual centro de recreación aún sigue siendo útil y cubre todas las necesidades de la comunidad.

4. Farmville se beneficiaría de un centro comunitario y de las actividades que albergaría.

5. Farmville ya cuenta con instalaciones adecuadas para las actividades que quieran que haya en un centro comunitario.

6. El centro de Farmville no se beneficiaría por que la actividad se incremente.

TU POSICIÓN

1. De acuerdo ________ En desacuerdo ________

2. De acuerdo ________ En desacuerdo ________

3. De acuerdo ________ En desacuerdo ________

4. De acuerdo ________ En desacuerdo ________

5. De acuerdo ________ En desacuerdo ________

6. De acuerdo ________ En desacuerdo ________

Una técnica diseñada para examinar las propuestas de planificación urbana desarrollada por el Centro de Diseño de la Comunidad de San Francisco.

BEER

BUSCAR es una colección de juegos, cada uno de los cuales está diseñado para ayudar a establecer las preferencias del usuario para un conjunto de características intra e inter-vivienda. Juego I, el juego de las Actividades en la casa familiar, se ocupa de la disposición de espacios de actividad. Juego II, Planes artenativos, es un conjunto de variaciones de planos de planta. Juego III, Perfil de la casa, se refiere a la apariencia externa de la vivienda. Juego IV, Organización espacial, investiga las características de los acuerdos de la unidad de vivienda.

BUSCAR pretende que se utilice como un método de generación de alternativas de diseño y planificación de la vivienda. Los juegos se pueden jugar con un cliente, o como en el caso de un proyecto de vivienda comunitaria, con un número de representantes de la comunidad. En cualquier caso, la persona que administre el juego debe llevar un registro escrito de las decisiones tomadas por el jugador(s). Se recomienda que el registro de las decisiones se tengan listas cuando las preferencias de un grupo grande deban ser consideradas. Dicha hoja de datos, debe proporcionar información al anotador de las decisiones tomadas, y de las razones de los jugadores para cada una de las decisiones.

BUSCAR fue diseñado por el GRUPO DE DESARROLLO DE LA COMUNIDAD, la Escuela de Diseño, Universidad del Estado de Carolina del Norte, en Raleigh, Carolina del Norte.

Publicado por el Servicio de Extensión Agrícola N. C. Universidad Estatal de Carolina del Norte en Raleigh, Carolina del Norte y el Departamento de Agricultura de S. U.: cooperante: State College, Raleigh, N. C. George Hyatt Jr.: Director. Distribuido en favor de las Actas del Congreso del 8 de mayo y 30 de junio 1914.

Actividades para el Hogar

Este juego trata de describir las diferentes preferencias para la distribución de las habitaciones interiores dentro de los límites de un "presupuesto" económico. Cada una de las elecciones de distribución tiene un valor puntual (en relación a su costo) y el jugador tiene un número límite máximo de puntos con los que puede evaluar sus opciones. Las posibles opciones se dividen en categorías de los dormitorios de los adultos y los niños. Las opciones de salar-comedor-cocina difieren según el tamaño, la separación entre cada una de las áreas de actividad. Las opciones para los dormitorios difieren según el tamaño, y la posibilidad de un espacio de juego para niños. Al limitar los puntos disponibles para jugar el juego, es posible alentar al jugador a tomar decisiones basadas en la necesidad de privacidad entre la cocina, la sala y el comedor, y la necesidad de privacidad entre las áreas de dormitorios de adultos y niños, con la posibilidad de un área de juegos para niños. También se ofrece una opción adicional de habitaciones extras (sin valores puntuales).

Las tarjetas 29a, 37d, 37b muestran distribuciones de dormitorios, donde la habitación de los padres puede estar en otra parte de la vivienda sin conexión a los dormitorios de los niños.

1..Las opciones posibles se muestran en dos grupos. El grupo 1 incluye las distribuciones de sala-comedor-cocina. El grupo 2 incluye las distribuciones de los dormitorios.

2. El jugador selecciona una opción de sala-comedor-cocina del primer grupo, y una elección de dormitorios de adulto y niños del segundo grupo. El valor en puntos de cada distribución se muestra en la esquina inferior derecha de cada imagen seguido por una letra, para diferenciar las distribuciones que tengan el mismo valor en puntos. El total de las opciones del primero y segundo grupos no puede superar los 68 puntos.

3. Si el total es superior a 68 puntos, el jugador debe tomar decisiones alternativas de alguno de los grupos, hasta que el valor total de puntos de las opciones sea inferior o igual a 68 puntos.

Grupo 1

Grupo 2

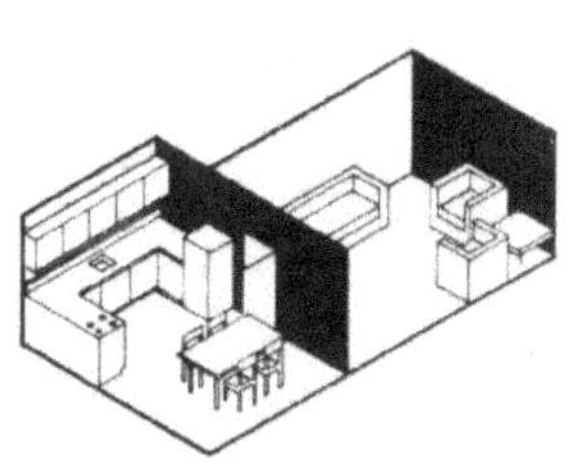

sala-comedor-cocina

31

dormitorio de niños y area de juegos, baño, dormitorio de los padres

37a

dormitorio de niños, area de juegos, baño, separado el dormitorio de los padres

37d

sala y cocina-comedor

34

habitación y espacio de juegos para niños, baño, recámara de los padres separados

37b

dormitorio de niños, baño separado el dormitorio de los padres

29a

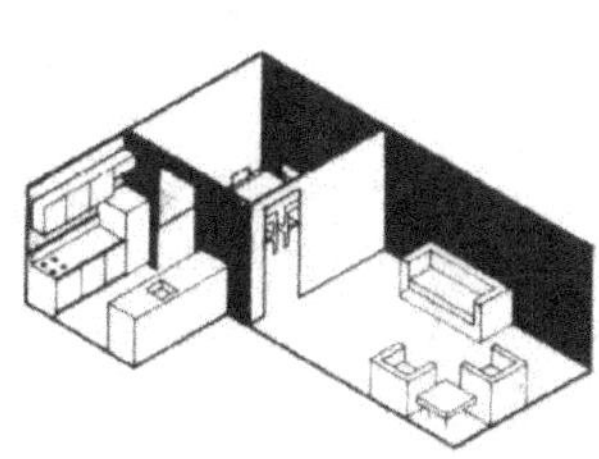

sala, comedor, cocina

36

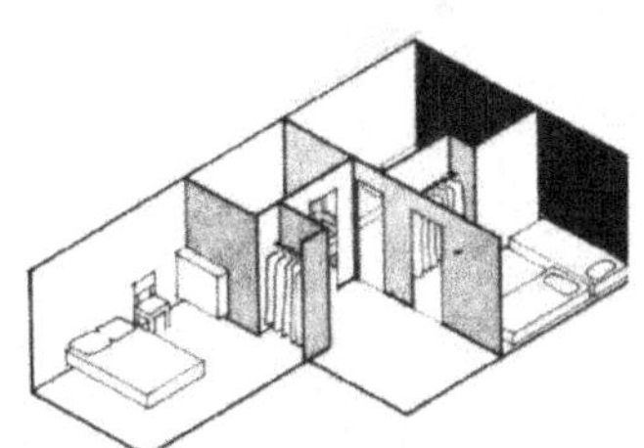

dormitorio de niños y area de juegos, baño, dormitorio de los padres

37e

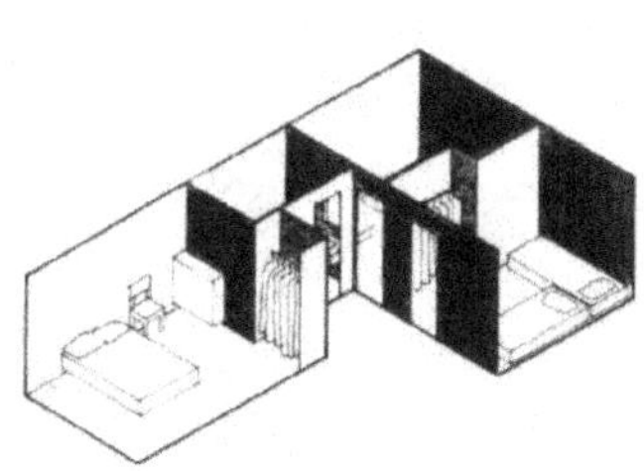

dormitorio de niños, baño dormitorio de los padres

29b

Un ejemplo de disposiciones alternativas para las actividades del hogar.

Alternativas de planta

Este juego describe once alternativas de diseño de una planta, todas basadas en aproximadamente la misma superficie. Cada uno de los planos incluyen tres dormitorios, cocina, baño, sala de estar, comedor y algunos también incluyen áreas de trabajo o de juego. Las alternativas sugieren que diferentes necesidades, deseos y estilos de vida de las familias, pueden ser las adecuadas gracias a un diseño cuidado y una planificación. Si bien en cada planta puede incluirse fácilmente un porche delantero e incorporarle modificaciones, las elecciones deben hacerse sobre la base de la información contenida en la imagen, así como la flexibilidad de los planes para ajustar los cambios.

1. El jugador debe revisar los planos de planta y familiarizarse con ellos.

2. El jugador selecciona la planta más adecuada para "criar a un niño".

3. El jugador selecciona la planta más adecuada para entretener a los invitados.

4. El jugador selecciona la planta más adecuada para proveer las "necesidades y deseos de su familia".

5. El jugador selecciona del grupo de tres, el mejor plan de planta.

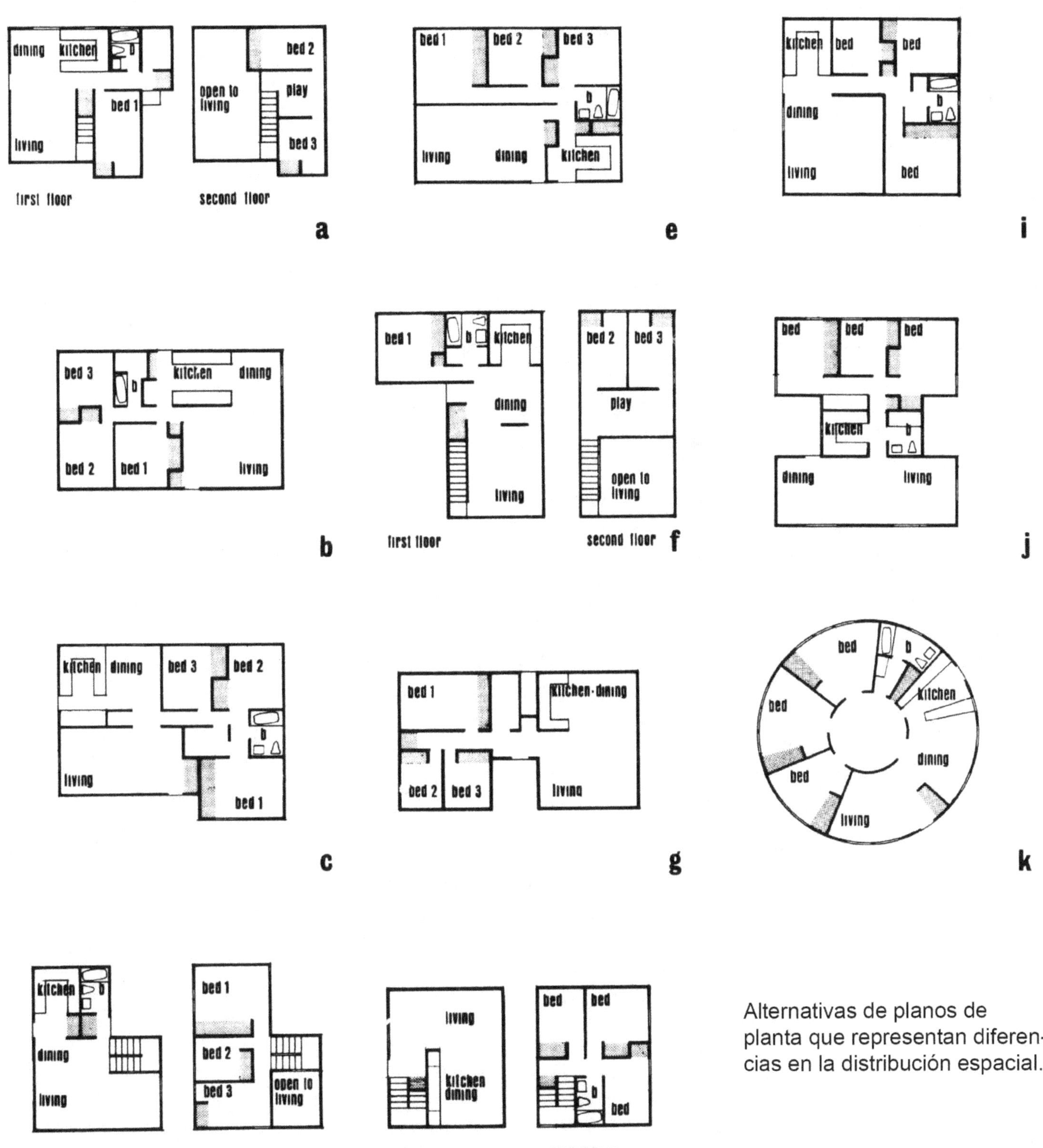

Alternativas de planos de planta que representan diferencias en la distribución espacial.

Imagen de la casa

El Juego III es una colección de fotografías que representan una amplia gama de tipos de casas. Algunas de las doce unidades de las imágenes son casas típicas de la región, viviendas convencionales muy antiguas, y casas diseñadas por arquitectos. La respuesta de cada jugador a la apariencia de un tipo particular de casa se determinará por lo que ha visto y le es familiar, y también por aquellas características visuales que asocia con la casa y en la que él espera vivir. Al tomar decisiones sobre el arreglo visual que se le presenta, el jugador está indicando las cualidades visuales que desea en una casa.

1. El jugador clasifica las imágenes en orden de su preferencia, del 1 al 12.

2. Se le pide al jugador que describa las características particulares de sus dos primeras opciones y las razones por las que le fueron adversas las opciones 11 y 12.

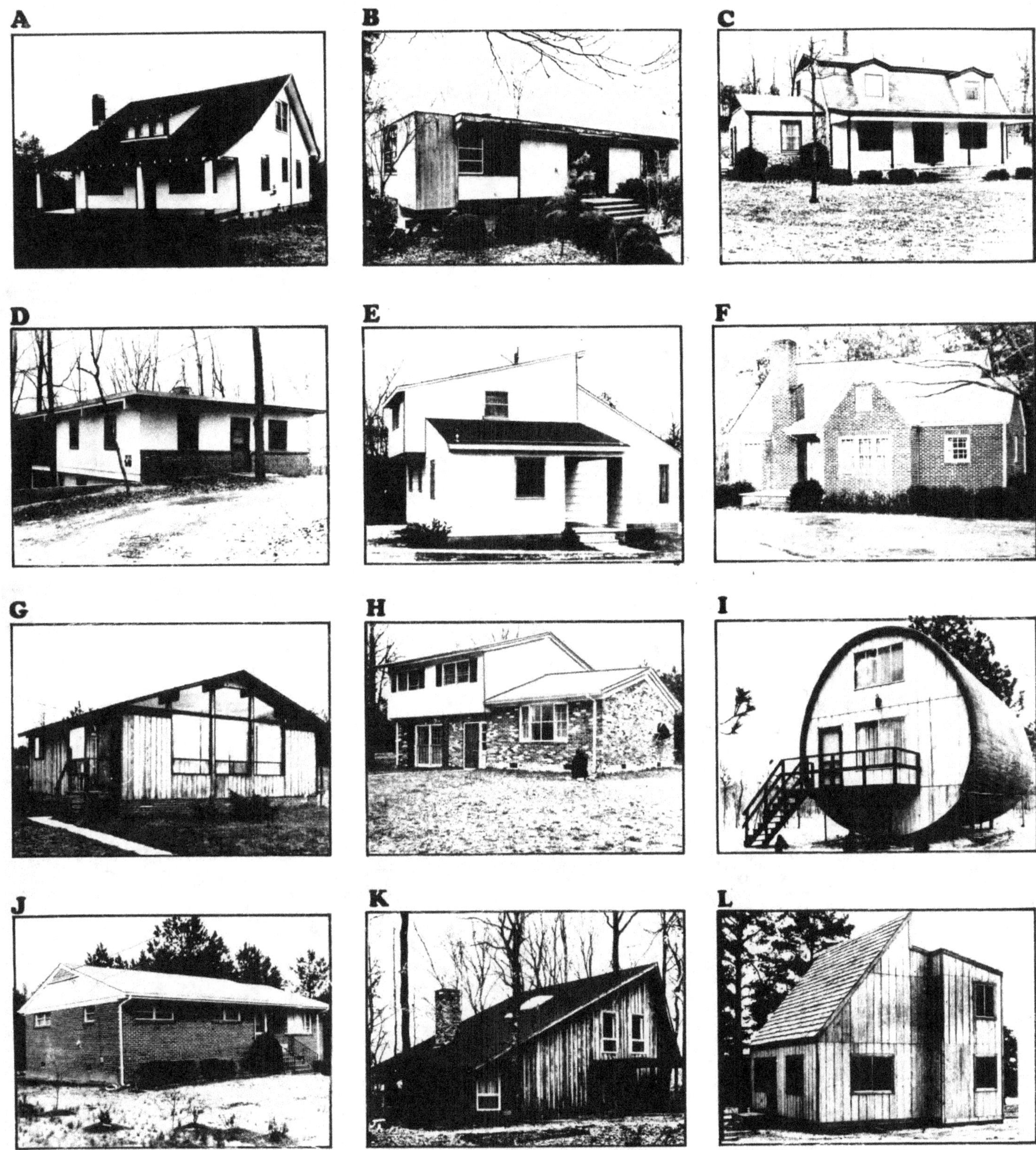

A
B
C
D
E
F
G
H
I
J
K
L

Alternativas del sitio

Este juego intenta describir preferencias por una variedad de características de inter-vivienda. Estas características son funciones de variación en la distribución de la cantidad y tipo de espacios abiertos (público y privado), la distribución de las unidades en el sitio, la cantidad y distribución del espacio de estacionamiento, y el número de pisos por edificio. Cada imagen describe varios tipos de distribución del estacionamiento, características de privacidad entre las viviendas, espacios al aire libre tanto para niños, como para actividades familiares y vecinales. Si bien es improbable que una organización particular de unidades de vivienda, satisfaga todos los requisitos de un jugador, las decisiones que tome un jugador indicarán el tipo de organización espacial que sería deseable en cualquier solución de diseño.

1. El jugador debe familiarizarse con cada imagen.
2. El jugador clasifica las imágenes en orden de preferencia para las "áreas de juego infantiles al aire libre".
3. El jugador clasifica las imágenes en orden de preferencia para la "intimidad entre viviendas".
4. El jugador clasifica las imágenes en orden de preferencia por "actividades familiares al aire libre".
5. El jugador clasifica las imágenes en orden de preferencia para las "actividades vecinales al aire libre".
6. El jugador clasifica las imágenes en orden de preferencia para la "seguridad física".
7. El jugador clasifica las imágenes en orden de preferencia por el "atractivo visual".
8. El jugador clasifica las imágenes en orden de preferencia por la "mejor distribución".

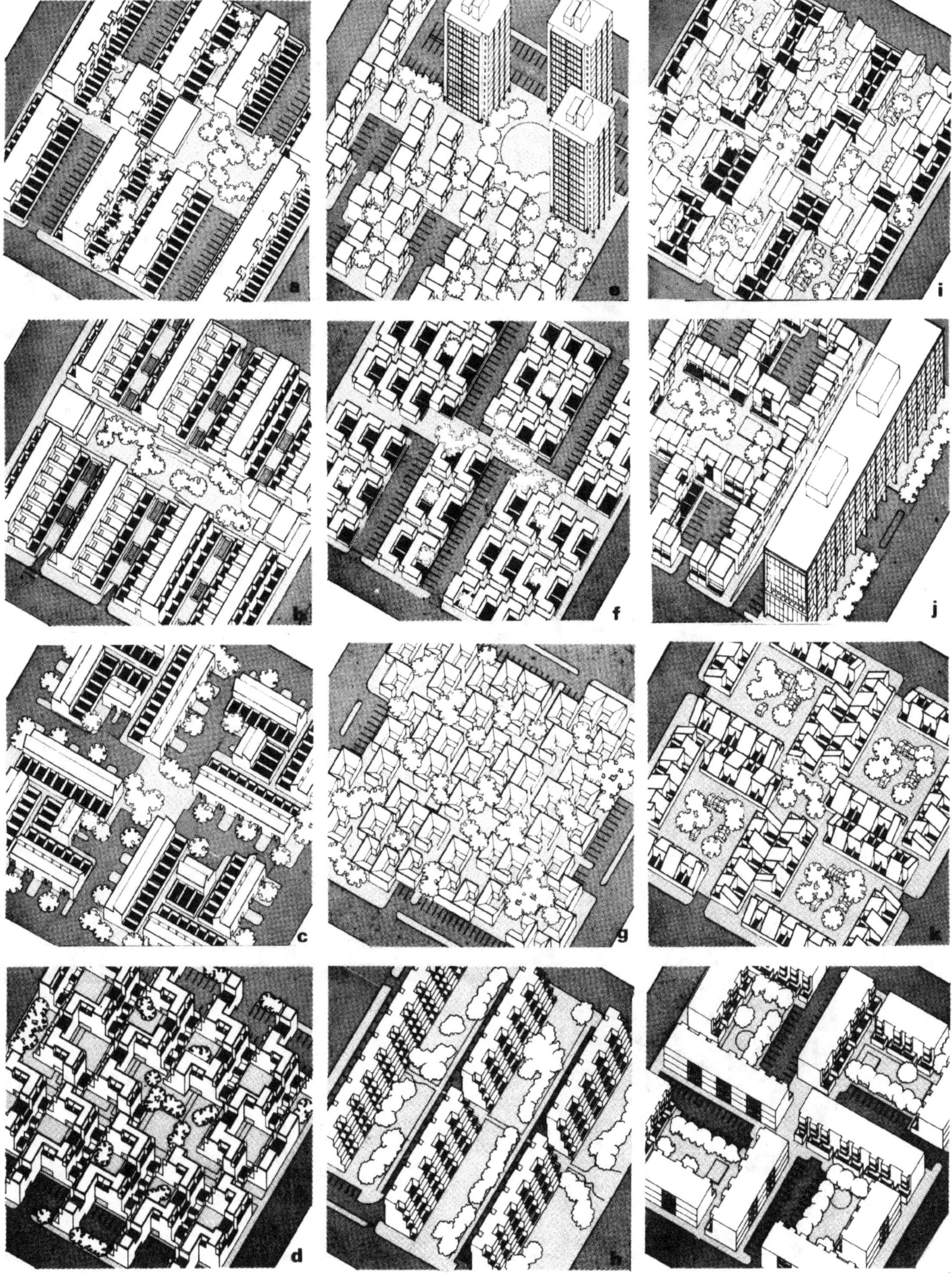

a
e
i
b
f
j
c
g
k
d
h
l

casa

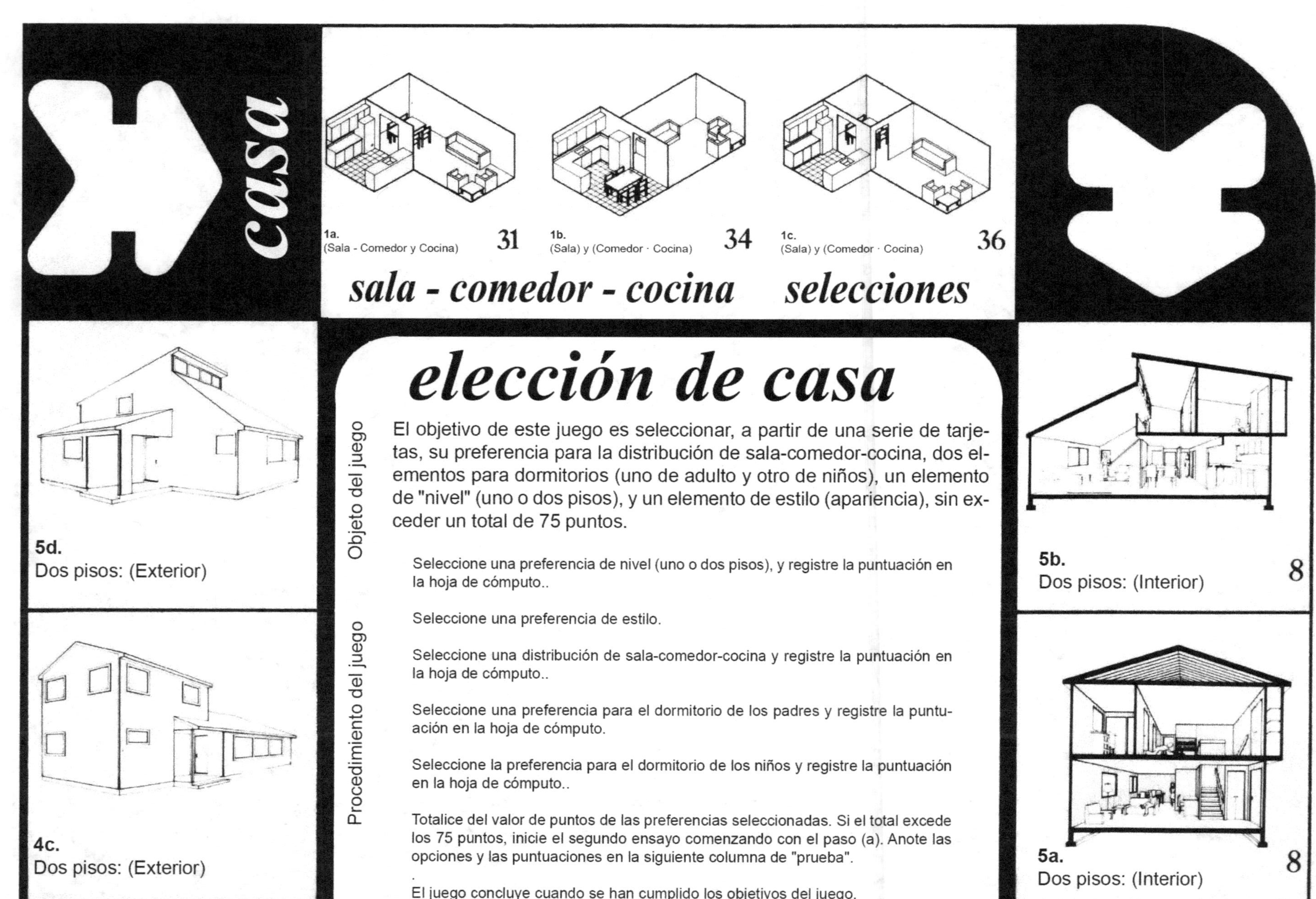

1a.
(Sala - Comedor y Cocina) **31**

1b.
(Sala) y (Comedor · Cocina) **34**

1c.
(Sala) y (Comedor · Cocina) **36**

sala - comedor - cocina   selecciones

elección de casa

Objeto del juego

El objetivo de este juego es seleccionar, a partir de una serie de tarjetas, su preferencia para la distribución de sala-comedor-cocina, dos elementos para dormitorios (uno de adulto y otro de niños), un elemento de "nivel" (uno o dos pisos), y un elemento de estilo (apariencia), sin exceder un total de 75 puntos.

Procedimiento del juego

Seleccione una preferencia de nivel (uno o dos pisos), y registre la puntuación en la hoja de cómputo..

Seleccione una preferencia de estilo.

Seleccione una distribución de sala-comedor-cocina y registre la puntuación en la hoja de cómputo..

Seleccione una preferencia para el dormitorio de los padres y registre la puntuación en la hoja de cómputo.

Seleccione la preferencia para el dormitorio de los niños y registre la puntuación en la hoja de cómputo..

Totalice del valor de puntos de las preferencias seleccionadas. Si el total excede los 75 puntos, inicie el segundo ensayo comenzando con el paso (a). Anote las opciones y las puntuaciones en la siguiente columna de "prueba".

El juego concluye cuando se han cumplido los objetivos del juego.

5d.
Dos pisos: (Exterior)

4c.
Dos pisos: (Exterior)

5b.
Dos pisos: (Interior)   8

5a.
Dos pisos: (Interior)   8

4d.
Un piso: (Exterior)

5c.
Un piso: (Exterior)

4b.
Un piso: (Interior) 10

4a.
Un piso: (Interior) 10

tarjeta de registro

CARTA	COMPONENTE DE LA CASA	VALOR DE PUNTO
1a.	(Sala-comedor y (cocina)	
1b.	(Sala) y (Comedor-Cocina)	
1c.	(Sala) y (Comedor) y (Cocina)	
2a.	(Dormitorio de los padres)	
2b.	(Dormitorio grande de los padres)	
3a.	(Dormitorio de los niños)	
3b.	(Dormitorio de los niños) y (sala de juegos)	
4a.	(Un piso) – Tradicional	
4b.	(Un piso) – Contemporáneo	
5a.	(Dos pisos) – Tradicional	
5b.	(Dos pisos) – Contemporáneo	
4c.	(Dos pisos) – Tradicional	
4d.	(Un piso) – Contemporáneo	
5c.	(Un piso) – Tradicional	
5d.	(Dos pisos) – Contemporáneo	

PUNTO TOTALES
(No exceder 75 puntos)

opciones para dormir

2a.
(Dormitorio de los padres) 11

3a.
(Dormitorio de los niños) 14

2b.
(Dormitorio grande de los padres) 14

3b.
(Dormitorio de los niños) y (sala de juegos) 22

Un juego diseñado para ayudar en la selección de relaciones de actividad y estilo de la casa.

Un juego para los comerciantes y planificadores del centro de la cuidad donde discutirán propuestas y estrategias para mejorar los distritos comerciales centrales.

EMEC

estrategias para mejorar los entornos del centro de la ciudad

1) Seleccione tres metas que crea son importantes para el centro de Murfreesboro. También puede proponer su propio objetivo. A continuación se agrupan conjuntos individuales de metas, y los cuatro objetivos más importantes son seleccionados por el grupo. Se le invita a defender sus opciones hasta que se consiga la aceptación de un conjunto de objetivos.

2) Entonces el grupo elige las tres mejores estrategias para lograr cada objetivo. Una estrategia se puede utilizar más de una vez y nuevamente se le invita a proponer la suya. Un objetivo debe quedar completo antes de que se inicie el siguiente, hasta que finalice toda la lista de objetivos.

3) Después de que se anoten todas las estrategias, debe tratar de anticipar las consecuencias de sus acciones. Con suerte, el resultado de las estrategias será lograr la meta. Sin embargo, pueden ocurrir efectos secundarios, como que aumente el tráfico al habilitar el centro de la ciudad para la vivienda. Encuentre dos efectos secundarios para cada estrategia que pudieran ser o útil o perjudicial. La lista de efectos secundarios se agrupa. El grupo debe decidir cuáles son los más probables y eliminar el resto. Cada efecto secundario que entre en conflicto con cualquier objetivo seleccionado por el grupo, se señala.

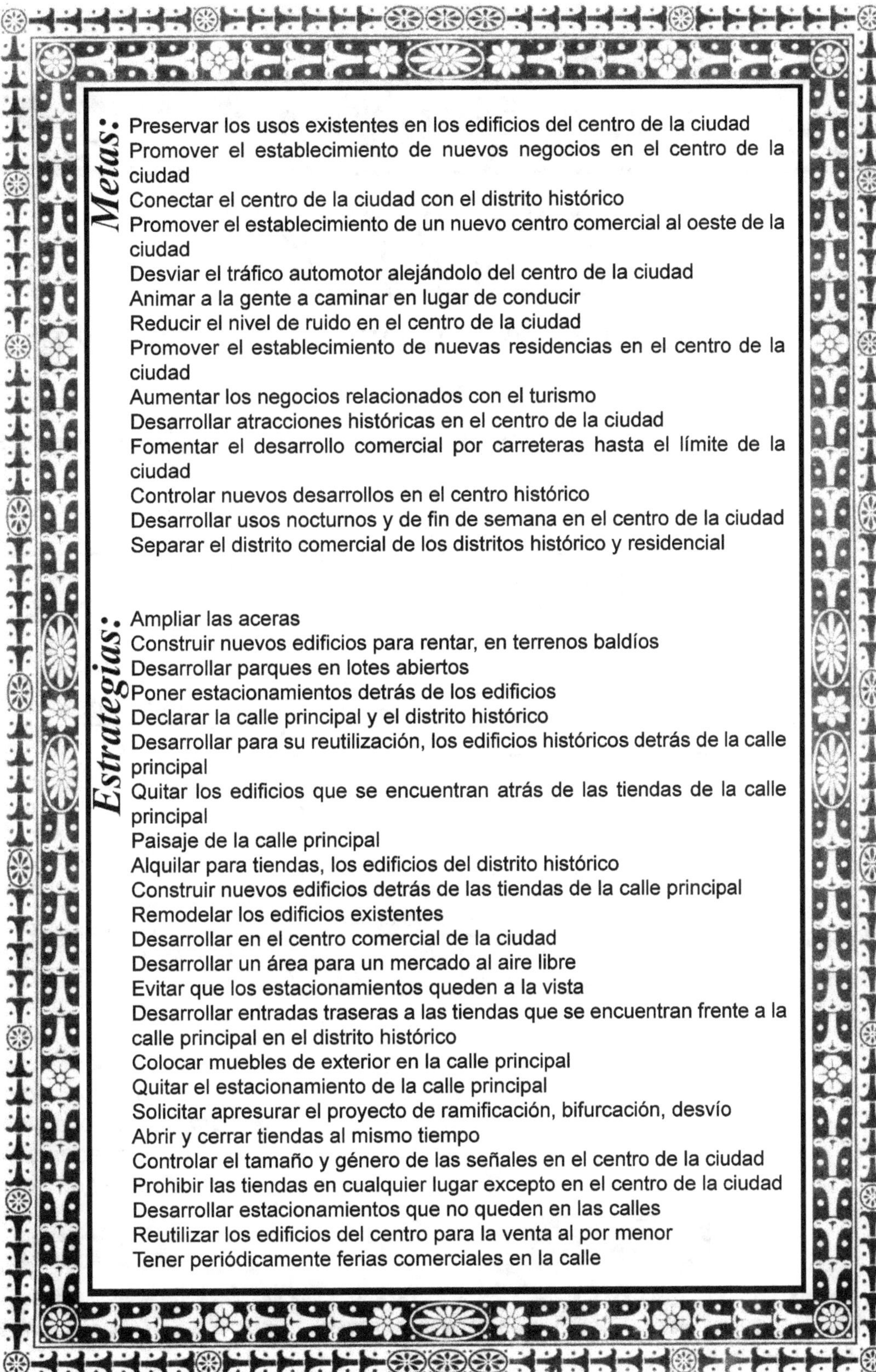

Metas:

Preservar los usos existentes en los edificios del centro de la ciudad

Promover el establecimiento de nuevos negocios en el centro de la ciudad

Conectar el centro de la ciudad con el distrito histórico

Promover el establecimiento de un nuevo centro comercial al oeste de la ciudad

Desviar el tráfico automotor alejándolo del centro de la ciudad

Animar a la gente a caminar en lugar de conducir

Reducir el nivel de ruido en el centro de la ciudad

Promover el establecimiento de nuevas residencias en el centro de la ciudad

Aumentar los negocios relacionados con el turismo

Desarrollar atracciones históricas en el centro de la ciudad

Fomentar el desarrollo comercial por carreteras hasta el límite de la ciudad

Controlar nuevos desarrollos en el centro histórico

Desarrollar usos nocturnos y de fin de semana en el centro de la ciudad

Separar el distrito comercial de los distritos histórico y residencial

Estrategias:

Ampliar las aceras

Construir nuevos edificios para rentar, en terrenos baldíos

Desarrollar parques en lotes abiertos

Poner estacionamientos detrás de los edificios

Declarar la calle principal y el distrito histórico

Desarrollar para su reutilización, los edificios históricos detrás de la calle principal

Quitar los edificios que se encuentran atrás de las tiendas de la calle principal

Paisaje de la calle principal

Alquilar para tiendas, los edificios del distrito histórico

Construir nuevos edificios detrás de las tiendas de la calle principal

Remodelar los edificios existentes

Desarrollar en el centro comercial de la ciudad

Desarrollar un área para un mercado al aire libre

Evitar que los estacionamientos queden a la vista

Desarrollar entradas traseras a las tiendas que se encuentran frente a la calle principal en el distrito histórico

Colocar muebles de exterior en la calle principal

Quitar el estacionamiento de la calle principal

Solicitar apresurar el proyecto de ramificación, bifurcación, desvío

Abrir y cerrar tiendas al mismo tiempo

Controlar el tamaño y género de las señales en el centro de la ciudad

Prohibir las tiendas en cualquier lugar excepto en el centro de la ciudad

Desarrollar estacionamientos que no queden en las calles

Reutilizar los edificios del centro para la venta al por menor

Tener periódicamente ferias comerciales en la calle

EMEC

estrategias para mejorar los entornos del centrode la cuidad

metas	**estrategias**	**efectos secundarios**
1. Promover la creación de empresas	Construir un edificio nuevo — Poner estacionamientos detrás de las empresas	Se necesita acuerdos con propietarios — Problemas con almacenes detrás de edificios
2. Desviar el tráfico de camiones	Continuar con la ramificación norte de la cuidad	bicar del negocios — Pérdida de negocios a favor de gasolineras y restaurantes
3. Controlar el desarrollo del centro de la ciudad, en cuanto al tipo y naturaleza de las empresaslas empresas	Prohibir las tiendas en cualquier área excepto el centro — Eliminar los edificios existentes	Puede ser necesario modificar las leyes de zonificación — El factor de costo, puede vulnerar a las empresas libres

Una hoja de registro que muestra los resultados registrados por un grupo de comerciantes, indica sus prioridades para mejorar el distrito local de negocios.

PROPUESTA DE LA CALLE PRINCIPAL

CONSTRUIR NUEVOS EDIFICIOS ATRÁS DE LAS TIENDAS DE LA CALLE PRINCIPAL

DESARROLLAR PARQUES EN LOTES ABIERTOS

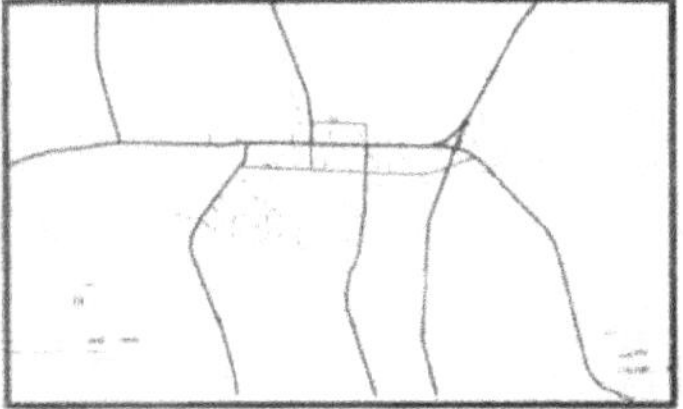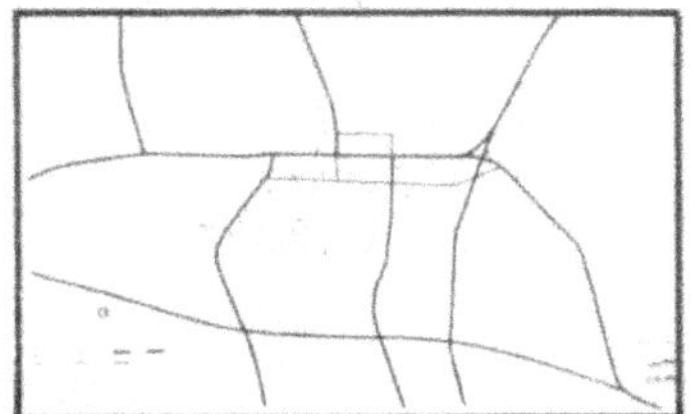

SOLICITAR APRESURAR EL PROYECTO DE RAMIFICACIÓN

PONER ESTACIONAMENTOS ATRÁS DE LOS EDIFICIOS

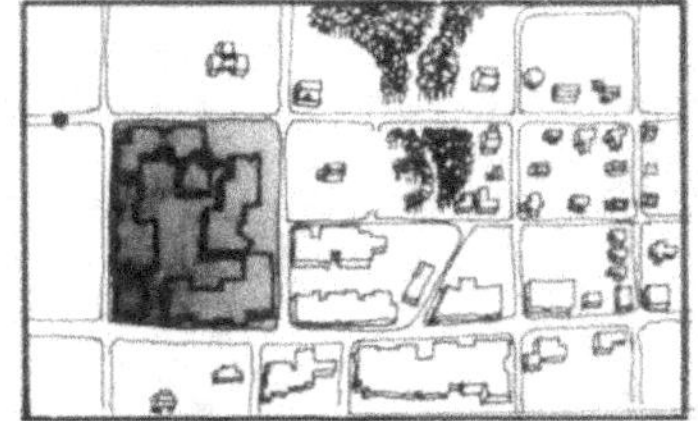

DESARROLLAR UN CENTRO COMERCIAL EN EL CENTRO DE LA CIUDAD

DESARROLLA ENTRADAS TRASERAS A LOS EDIFICIOS PRINCIPALES DE LA CALLE DEL DISTRITO HISTÓRICO

TENER FERIAS CALLEJERAS PERIÓDICAMENTE

ALQUILER DE EDIFICIOS EN EL DISTRITO HISTÓRICO

CONSTRUIR NUEVOS EDIFICIOS PARA RENTA, EN LOTES DESOCUPADOS

OCULTAR A LA VISTA LOS ESTACIONAMEN-

DESARROLLA UN ÁREA PARA UN MERCADO AL AIRE LIBRE

DESARROLLAR EL PAISAJISMO DE LA CALLE

REUTILIZACIÓN DE EDIFICIOS DEL CENTRO PARA TIENDAS

AMPLIAR LAS ACERAS

Una comparación de los cambios propuestos a un distrito de negocios que ilustra las condiciones existentes y presenta sugerencias para mejorarlas.

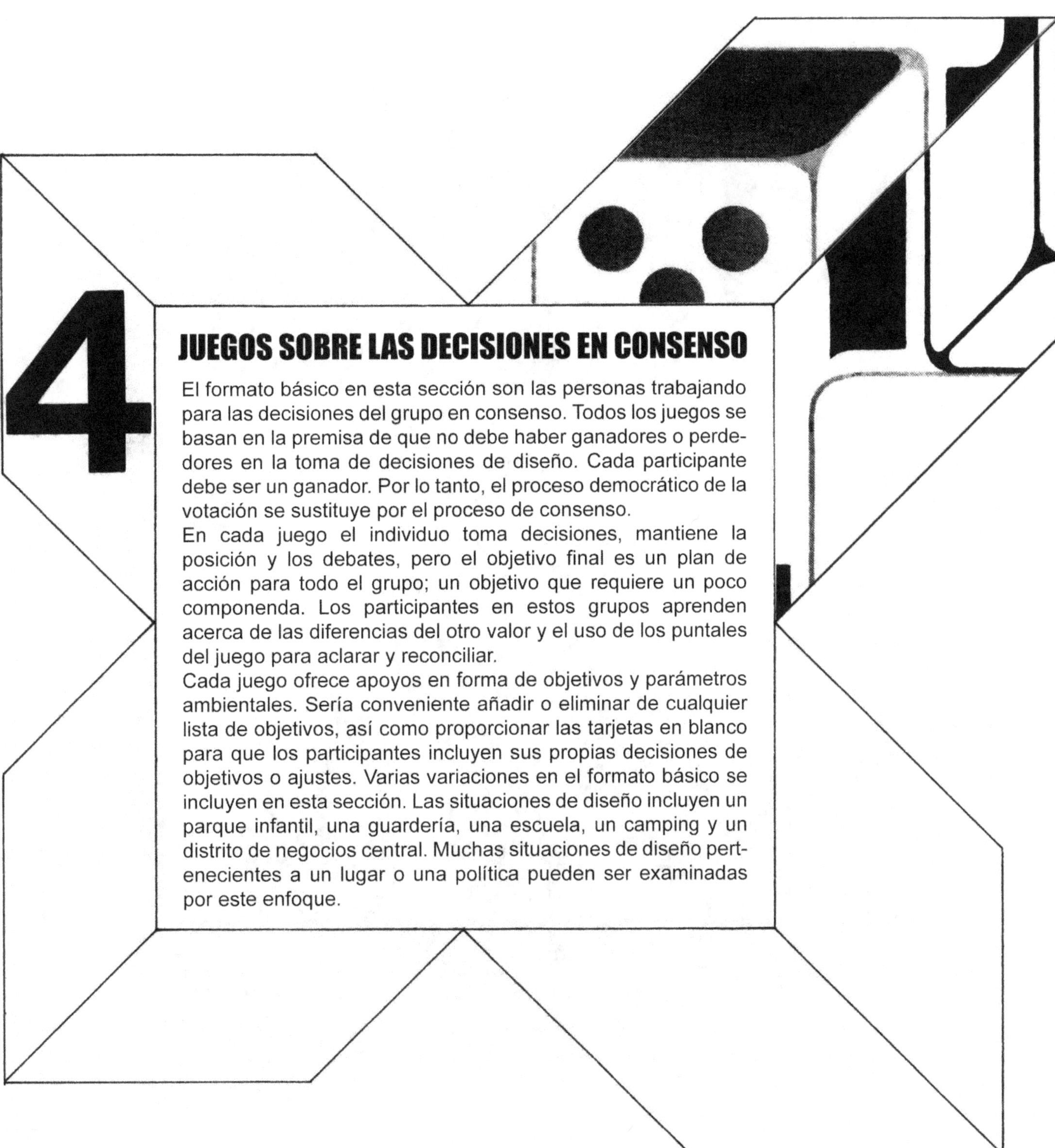

4 JUEGOS SOBRE LAS DECISIONES EN CONSENSO

El formato básico en esta sección son las personas trabajando para las decisiones del grupo en consenso. Todos los juegos se basan en la premisa de que no debe haber ganadores o perdedores en la toma de decisiones de diseño. Cada participante debe ser un ganador. Por lo tanto, el proceso democrático de la votación se sustituye por el proceso de consenso.

En cada juego el individuo toma decisiones, mantiene la posición y los debates, pero el objetivo final es un plan de acción para todo el grupo; un objetivo que requiere un poco componenda. Los participantes en estos grupos aprenden acerca de las diferencias del otro valor y el uso de los puntales del juego para aclarar y reconciliar.

Cada juego ofrece apoyos en forma de objetivos y parámetros ambientales. Sería conveniente añadir o eliminar de cualquier lista de objetivos, así como proporcionar las tarjetas en blanco para que los participantes incluyen sus propias decisiones de objetivos o ajustes. Varias variaciones en el formato básico se incluyen en esta sección. Las situaciones de diseño incluyen un parque infantil, una guardería, una escuela, un camping y un distrito de negocios central. Muchas situaciones de diseño pertenecientes a un lugar o una política pueden ser examinadas por este enfoque.

Planning Outdoor Play

pop

Planificación de Juegos al Aire Libre

Planificación de juegos al aire libre (PJAL), es un método para facilitar el proceso de diseño de las áreas de juego al aire libre para los niños, y de la selección apropiada del equipo para jugar.

PJAL se compone de cuatro categorías:

OBJETIVOS: un propósito del juego al aire libre
ACTIVIDADES: las acciones que agradan a los niños
ZONAS: áreas donde se desarrollan actividades relacionadas
EMPLAZAMIENTOS: la ubicación de los niños y el equipo de juegos

NOTA: Es posible que prefiera crear tarjetas de juego individuales para cada elemento de las categorías de la lista. El uso de las tarjetas, es una forma conveniente de manipular los elementos para que sean accesibles al grupo.

El juego puede jugarse en grupos pequeños que pueden ser desde tres a cinco personas (maestros, padres, administradores).

pop

Para comenzar, cada jugador selecciona cuatro de las más importantes exposiciones de OBJECTIVOS. Después de que cada jugador ha terminado este paso en el proceso, se agrupan las selecciones individuales. Por medio de la negociación, el grupo debe ponerse de acuerdo en cuatro OBJETIVOS aceptables que representen el espíritu del grupo. Se insta a los jugadores a apoyar con firmeza sus opciones individuales, especialmente si otros miembros no hacen la misma elección. La discusión continuará hasta persuadir o ser persuadido de que un OBJETIVO debe ser incluido en el conjunto final. Utilice la hoja de registro del juego para tener un reporte de las decisiones finales.

Luego, como grupo, examine cada OBJETIVO y seleccione tres ACTIVIDADES que mejor satisfagan cada OBJETIVO. Recuerde, más de un OBJETIVO puede ser satisfecho por la misma ACTIVIDAD. Grabe todas las selecciones.

Ahora, como grupo, reorganice todas las selecciones de ACTIVIDADES para que encajen en una ZONA apropiada. Es importante tener en cuenta que no todas las tarjetas de ZONAS necesitan ser utilizadas. Registre todas las selecciones.

Finalmente, seleccione el ENTORNO apropiado que corresponda con cada una de las opciones de ACTIVIDADES y anote el número del ENTORNO.

Este conjunto de reglas es sólo una guía para conocer mejor el proceso de planificación. Los jugadores deben sentirse libres de cambiar las reglas y el ajuste del equipo, para adaptar necesidades más específicas.

pop 1

Actividades	Objetivos
mezclar	formación de conceptos
sentir y manipular	cooperación
golpear	resolución de problemas
gatear	desarrollo emocional
salpicar	auto confianza
actuación	desarrollo del lenguaje
vestirse elegante	discriminación sensorial
moldear	automotivación
contacto con ani-males	desarrollo Social
	iniciativa
excavar	comunicación
escalar	autoexpresión
pintar	Auto-imagen positiva
cocinar	desarrollo de la percepción
arrojaroo	desarrollo sensorial
hacer estiramientos	
deslizarse	
construir	
plantar	
balancearse	
lanzar y cachar	
hacer equilibrio	
movimiento vehicular	

Zona privada de juego - los niños usan pequeñas áreas prote-gidas para actividades individuales o tranquilas.

Zona de juego dramático - los niños ejercen su imaginación para crear personajes

Zona de juego de aventura - los niños espontáneamente con-struyen y reconstruyen su ambiente.

Zona de coordinación manual – frecuentemente los niños de-sarrollan habilidades de coordinación con movimiento repetitivo.

Zona de juego al aire libre - los niños usan grandes espacios para juegos de grupo y actividades individuales, que pueden re-querir superficies duras o suaves.

Zona de juego creativo - los niños combinan materiales para hacer un objeto diferente.

Zona de fuerte desarrollo muscular - los niños superan los obstáculos físicos y mentales, ejercitando todos los músculos posibles.

Zona de la naturaleza - los niños interactúan con objetos natu-rales.

Zona de juego imaginativo - los niños ejercitan la imaginación y el esfuerzo muscular limitado, pero sin que se produzca nece-sariamente ningún objeto.

pop2

HOJA DE REGISTRO

OBJETIVOS

a ___________________________

b ___________________________

c ___________________________

d ___________________________

OCUPACIONES

a

1 ___________________________

2 ___________________________

3 ___________________________

b

1 ___________________________

2 ___________________________

3 ___________________________

c

1 ___________________________

2 ___________________________

3 ___________________________

d

1 ___________________________

2 ___________________________

3 ___________________________

pop3

Configuración del equipo

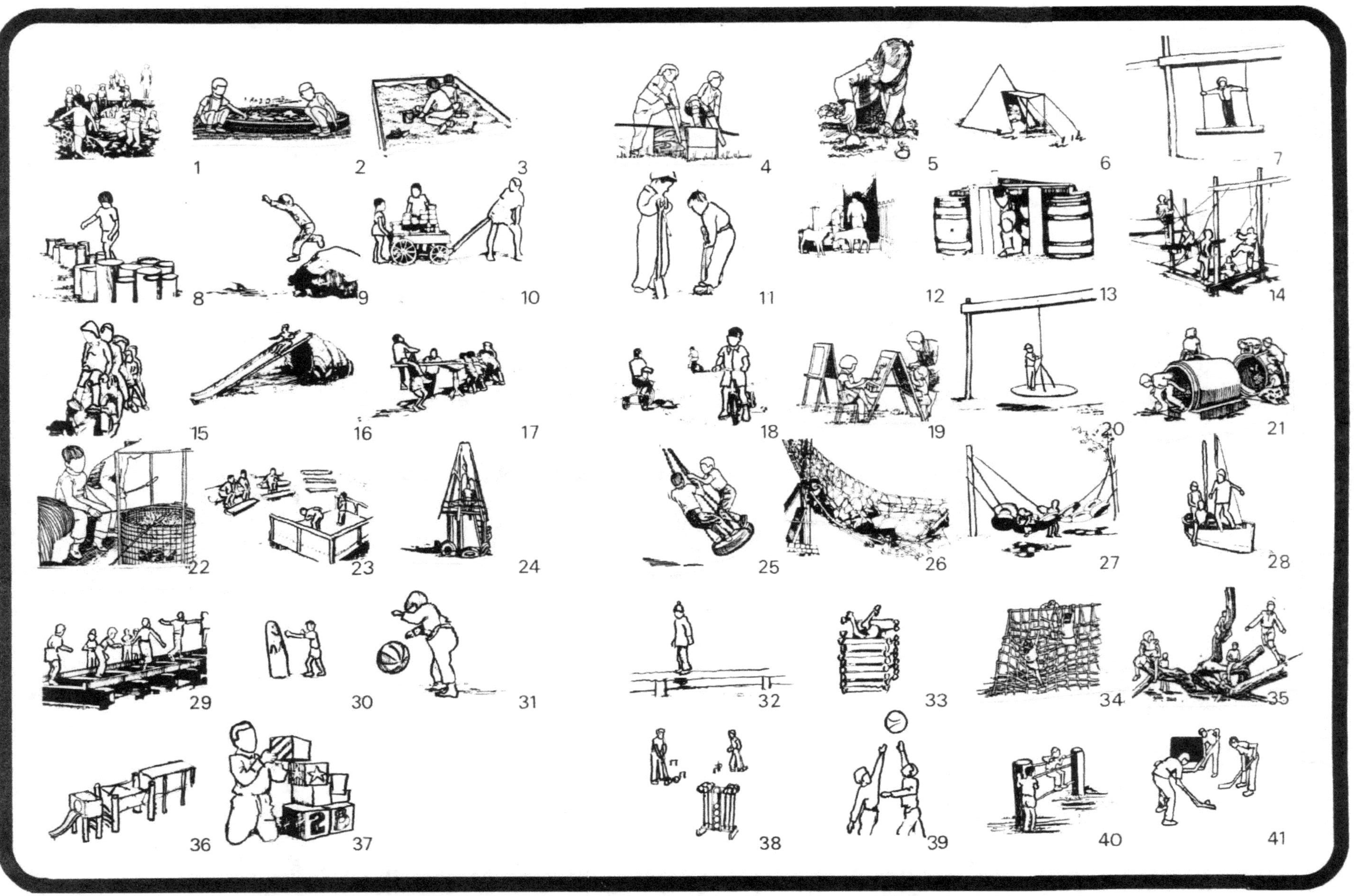

Zonas — Actividades ESCENARIO

Zona de juego creativo

Zona de juego imaginativo

Zona de juego dramático

Zona de la naturaleza

Zona de juego de aventura

Zona de juego privada

Zona de coordinación manipulativativo

Zona de desarrollo muscular grande

Zona abierta de juego

pop 5

Reglas

1 Elige los cuatro (4) OBJETIVOS más importantes para tu patio de recreo.

2 Seleccione tres (3) ACTIVIDADES que satisfagan el concepto de cada objetivo. Trate con un objetivo a la vez.

3 Coloque cada actividad en la ZONA apropiada. Puede asignar cualquier número de actividades a cualquiera de las zonas.

4 Elija uno (1) ESCENARIO DE EQUIPO adecuado para cada actividad.

pop 6

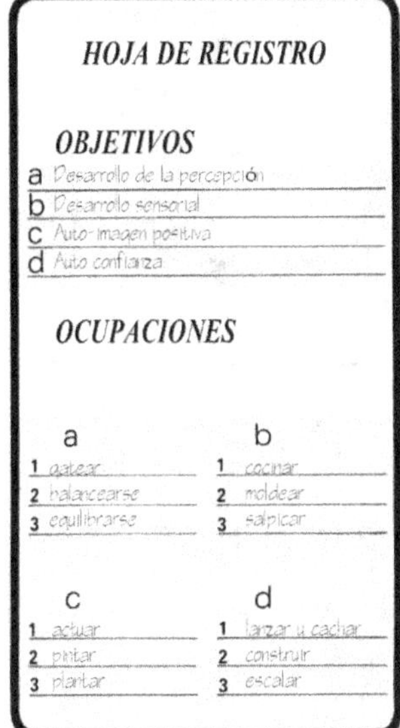

Zonas   Actividades ESCENARIO

Zonas	Actividades	Escenario
Zona de juego creativo	pintar / cocinar	20 / 13
Zona de juego imaginativo	salpicar / moldear	2 / 2
Zona de juego dramático	actuar	12
Zona de la naturaleza	plantar	14
Zona de juego de aventura	construir	15
Zona de juego privada		
Zona de coordinación manipulativativo	balancearse / equilibrarse / gatear	
Zona de desarrollo muscular grande	escalar	26
Zona abierta de juego	lanzar u cachar	36

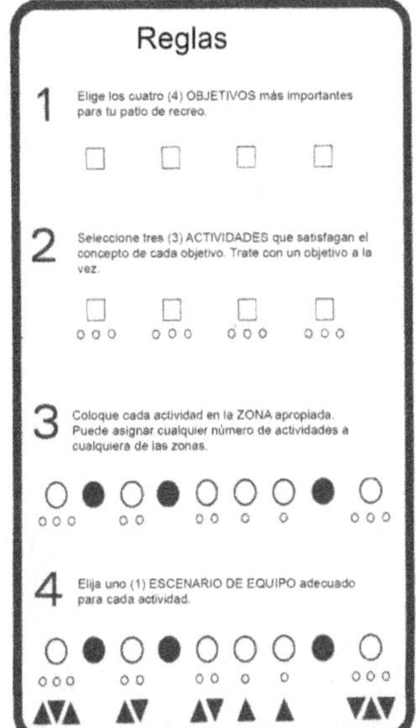

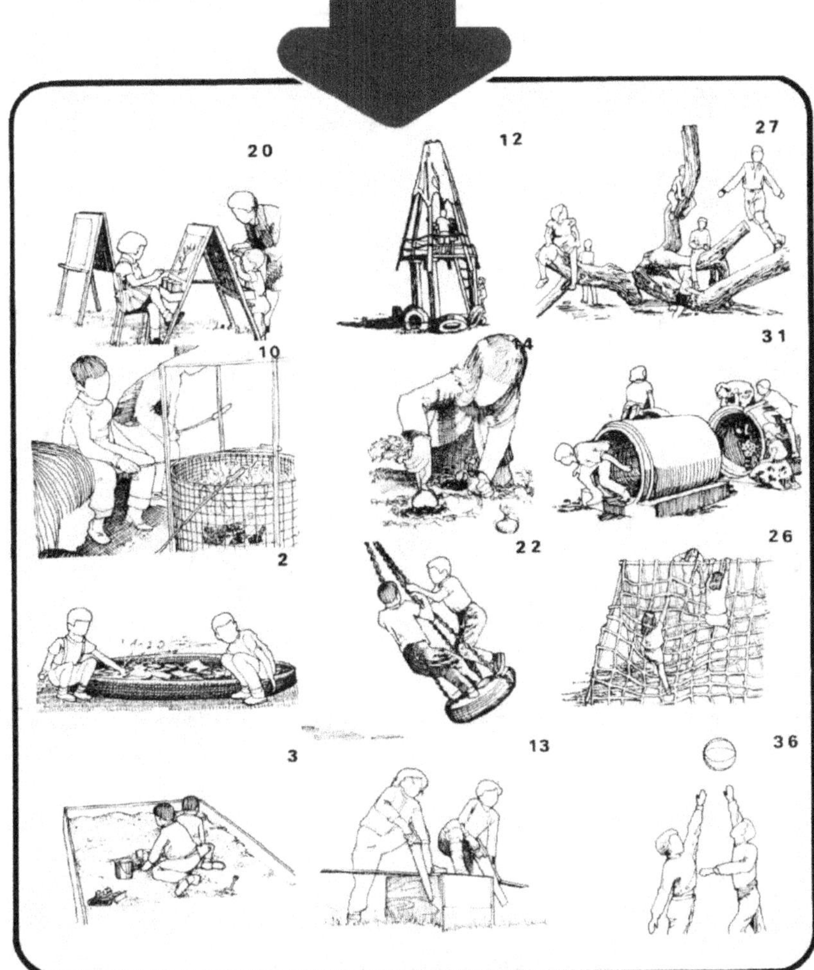

Un ejemplo de opciones consideradas por un grupo de padres/maestros.

pep

playground equipment planning
planificación de equipos para parques infantiles

Este procedimiento puede ser un enfoque útil para organizar las ideas de diseño para el patio de recreo. Le puede ayudar a descubrir varios problemas que pueden surgir antes de que lleve a cabo la construcción y la colocación del equipo.

Sin embargo, necesitará los resultados de la Planificación de juegos al aire libre (PJAL) (POP por sus siglas en inglés) para iniciar este procedimiento. Todos los conceptos generados por el juego PJAL, particularmente el uso de Configuración de equipo, y Zonas, serán aplicados en este ejercicio. Hay dos etapas para este proceso: Preparación y planificación.

PREPARACIÓN
Tome una hoja de papel de aproximadamente 12 pulgadas por 17 pulgadas, para trazar cuadrículas de media pulgada cuadrada, o una hoja de papel cuadriculado ya impreso, con una cuadrícula de un cuarto a media pulgada. También necesitará el uso de la Configuración de equipo, que se debe copiar y cortar a lo largo de las líneas sólidas. Los dibujos se deben hacer a escala para ajustarse a la cuadrícula de media pulgada que corresponde a cuatro pies.

Mida la longitud y el ancho de su patio de juegos y registre esta información en la hoja de papel cuadriculada.

Haga coincidir las tarjetas de configuración con las zonas, y colóquelas en la gráfica.

Al mover la configuración alrededor de la gráfica, hay que recordar cuatro cosas:

1.) En cada dibujo de las tarjetas que se le proporcionan, hay una parte superior y una parte inferior. Mantenga la dirección de todas sus configuraciones estándar.

2.) Siempre mantenga alineados los bordes de las tarjetas de configuración con la cuadrícula.

3.) Usted puede voltear las tarjetas de configuración, para invertir su dirección.

4.) Si desea disminuir la distancia entre las piezas de configuración, no dude en superponer las tarjetas.

Por ejemplo, aquí se le presenta un esquema de disposición para una zona de juego de aventura.

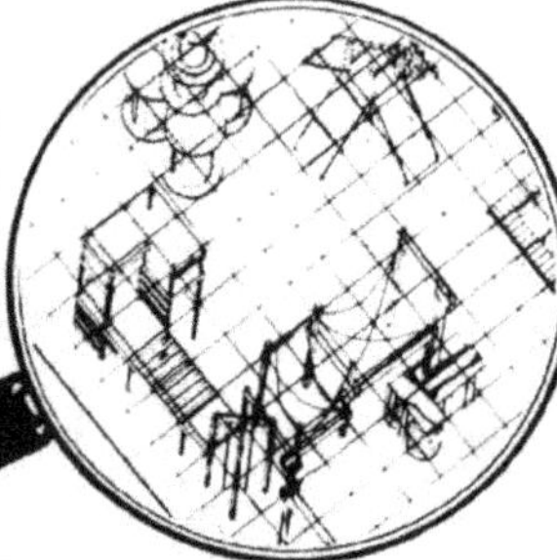

Una vez que tenga un arreglo que considere satisfactorio, utilice la Lista de verificación de las guías que se le proporcionan, para evaluar su esquema de distribución.

A continuación, pegue la hoja del gráfico en la parte superior de
la mesa de la siguiente manera:

PLANIFICACIÓN

Divida el sitio del patio de recreo en las zonas que ha elegido
de la lista de zonas de juego (POP):

ZONA PRIVADA DE JUEGO - los niños usan pequeñas áreas protegidas para actividades individuales o tranquilas.
ZONA DE JUEGO DRAMÁTICO - los niños ejercen su imaginación
para crear personajes.
ZONA DE JUEGO DE ADVENTURA - los niños espontáneamente con-
struyen y reconstruyen su entorno.
ZONA DE COORDINACIÓN MANUAL - los niños desarrollan frecuentemente, habilidades de coordinación con movimientos repetitivos.
ZONA DE JUEGO AL AIRE LIBRE - los niños usan grandes espacios
para juegos de grupo y actividades individuales que pueden requerir
superficies duras o suaves.
ZONA DE JUEGO CREATIVO - los niños combinan materiales para
hacer un objeto diferente.
ZONA DE FUERTE DESARROLLO MUSCULAR - los niños superan
obstáculos físicos y mentales, ejercitando todos los músculos posibles.
ZONA DE LA NATURALEZA - los niños interactúan con objetos naturales.
ZONA DE JUEGO IMAGINATIVO - los niños ejercitan la imaginación y
el esfuerzo muscular limitado, sin que se produzca necesariamente
ningún objeto.

Decida qué equipo debe colocarse en cada zona antes de cal-
cular su tamaño. Luego localice las zonas para aprovechar las
características únicas del sitio, por ejemplo: áreas sombreadas,
superficies existentes, pendientes, árboles, etc.

Si está satisfecho de que su arreglo cumple con las
líneas guía de la lista, coloque una hoja de papel de
calca sobre la hoja de gráficos y las tarjetas, péguela
y trace el sitio y el equipo. (SUGERENCIA: Para su
presentación, utilice un bolígrafo de punta fina para
delinear el trazado final).
Debe probar varias disposiciones diferentes de zona
y equipo, siguiendo siempre el mismo procedimiento, hasta que tenga varias copias trazadas para comparar.

Su comité debe elegir una de las copias trazadas
como el plan final para mostrar a todo el grupo en la
siguiente junta general.

Vea las tarjetas de equipo en las páginas 64 y 65.

Lista de verificación de directrices

☐ ☐ ☐

Si hay columpios, deje espacio para que los niños se puedan mover hacia delante y hacia atrás sin que se golpeen.

☐ ☐ ☐

Si hay buenos árboles y resistentes y una colina de pastizal adecuada, trate de incluirlos en su plan de diseño como lugares de juego.

☐ ☐ ☐

Si hay estructuras altas, ponga debajo de ellas superficies suaves por si acaso hubiera caídas (consulte la sección sobre superficies y seguridad).

☐ ☐ ☐

Asegúrese de incluir lugares para almacenar desechos y juguetes pequeños, y los juguetes con ruedas. Es mejor tener varias áreas pequeñas de juego con espacios muy cercanos entre sí, que una o dos zonas grandes.

☐ ☐ ☐

Si tiene juguetes con ruedas (triciclos, vagones, etc.), deje una superficie abierta y lisa donde no interfiera con otras actividades. Lo mismo debe ser para el juego de pelota: dejar suficiente espacio para rebotar, lanzar y rodar las pelotas, lejos de ventanas, calles o lugares donde pueda interferir con otros niños jugando en la arena, etc.

☐ ☐ ☐

Si necesita espacio para el jardín, póngalo en un área bien protegida. Las áreas con plantas necesitan bordes para que estén más protegidas.

☐ ☐ ☐

Si hay resbaladillas, asegúrese de que al menos haya cuatro pies de espacio alrededor de la base, para esperar turno o simplemente para correr.

☐ ☐ ☐

Por seguridad, los niños más pequeños deben tener áreas de juego separadas, pero no es necesario que estén completamente separados de las áreas de juego de los niños mayores.

☐ ☐ ☐

Si los niños de diferentes edades y tamaños van a utilizar el patio de recreo, asegúrese de haber establecido diferencias en los niveles de habilidad. Cada grupo de edad debe tener un lugar donde se sientan cómodos y jueguen con seguridad.

☐ ☐ ☐

El parque infantil más popular tiene variedad de juegos y se encuentran en zonas agradables (soleadas en algunos lugares, sombreadas en otras). Los niños prefieren los patios de recreo que tienen juegos que les son familiares (columpios, toboganes, gimnasios); pero también es conveniente tener un espacio para el juego de aventuras donde pueden construir sus propias estructuras.

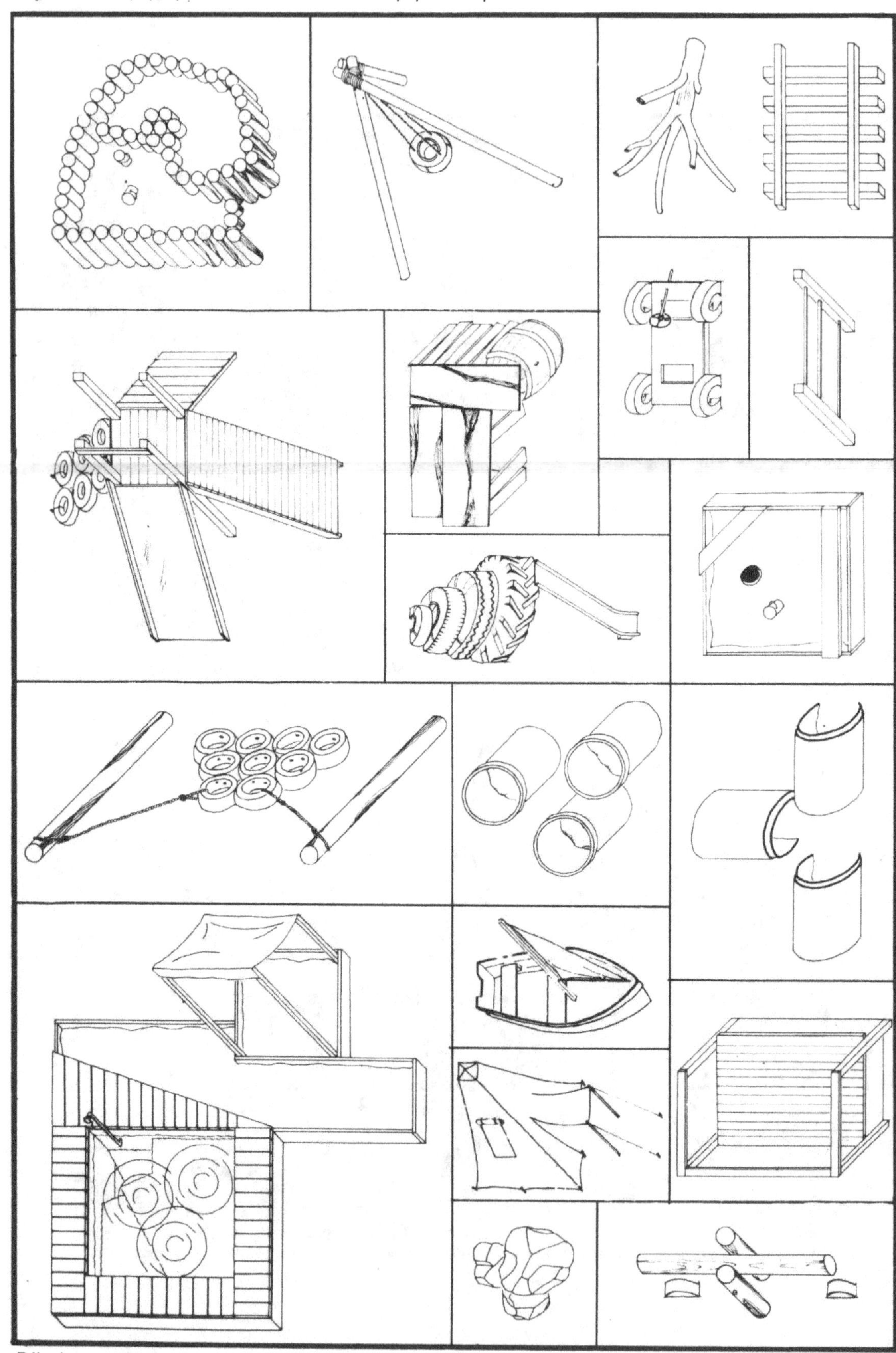

Dibujos a escala del equipo del patio de recreo para colocarse en una hoja de papel cuadriculado que representa el sitio del patio de recreo. Escala 1 pulgada = 8 pies.

CORTAR TARJETA DE EQUIPO

Utilice nuevas páginas para recortar los apoyos de diseño para la planificación del patio de recreo.

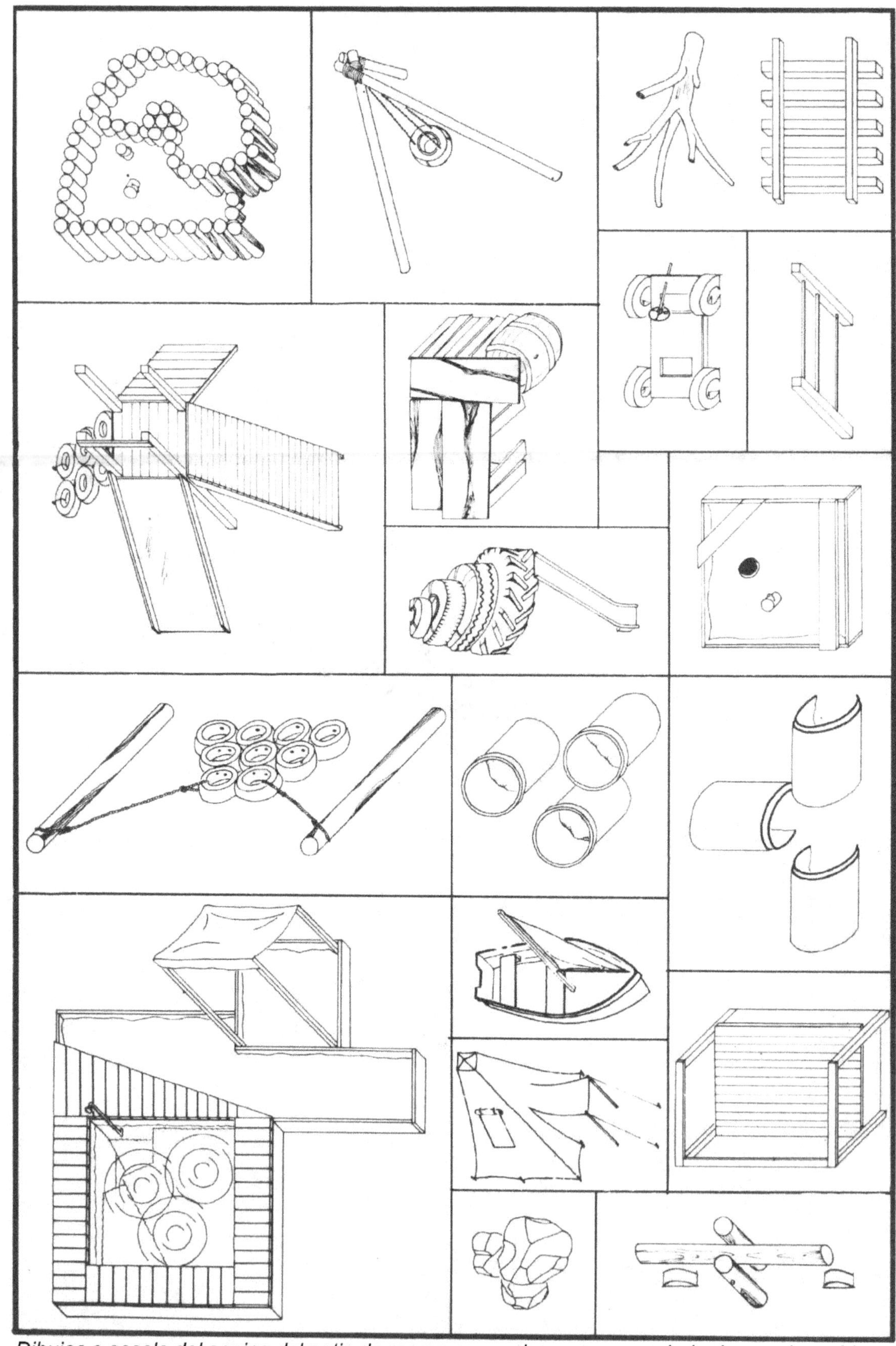

Dibujos a escala del equipo del patio de recreo para colocarse en una hoja de papel cuadriculado que representa el sitio del patio de recreo. Escala 1 pulgada = 8 pies.

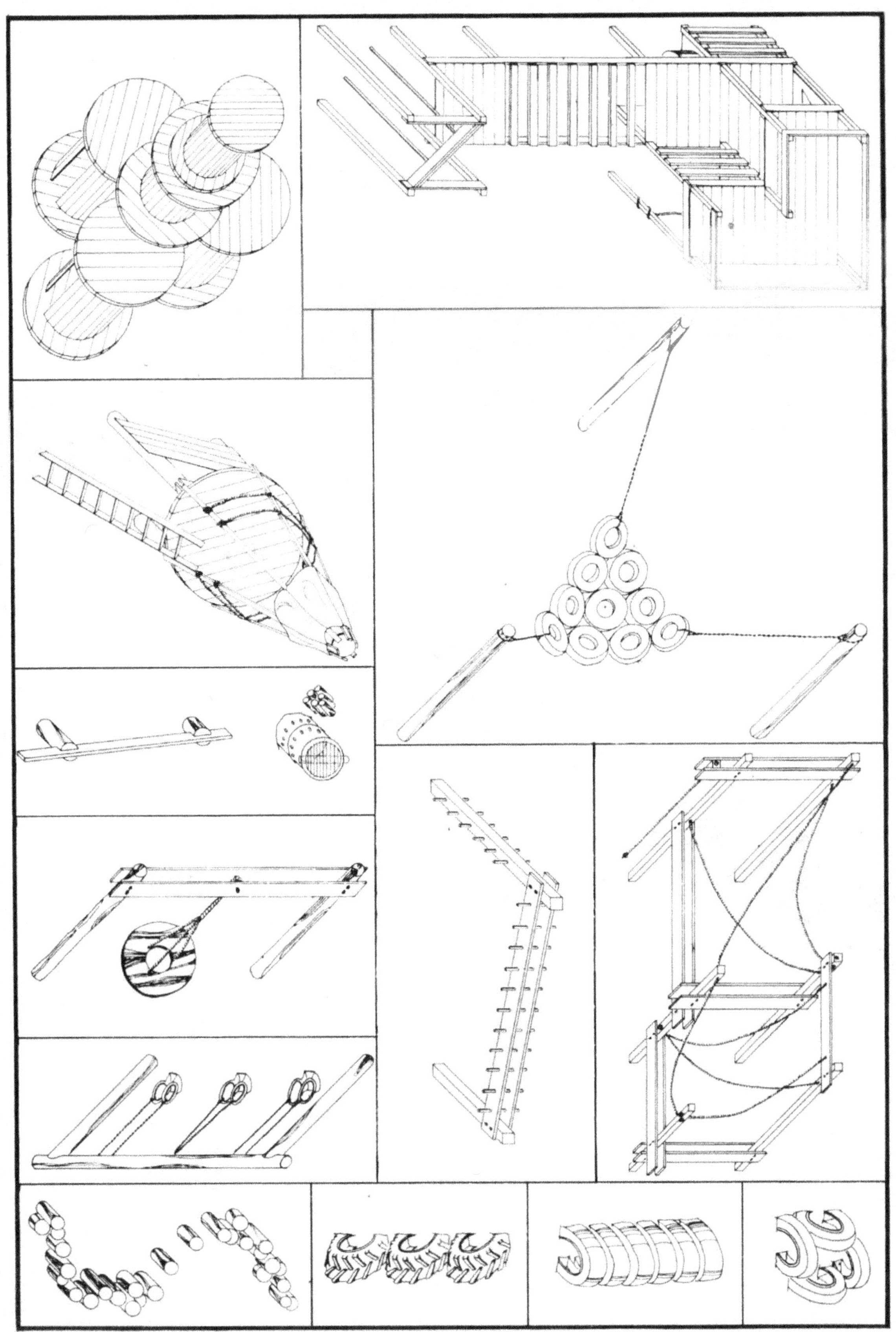

CORTAR TARJETA DE EQUIPO

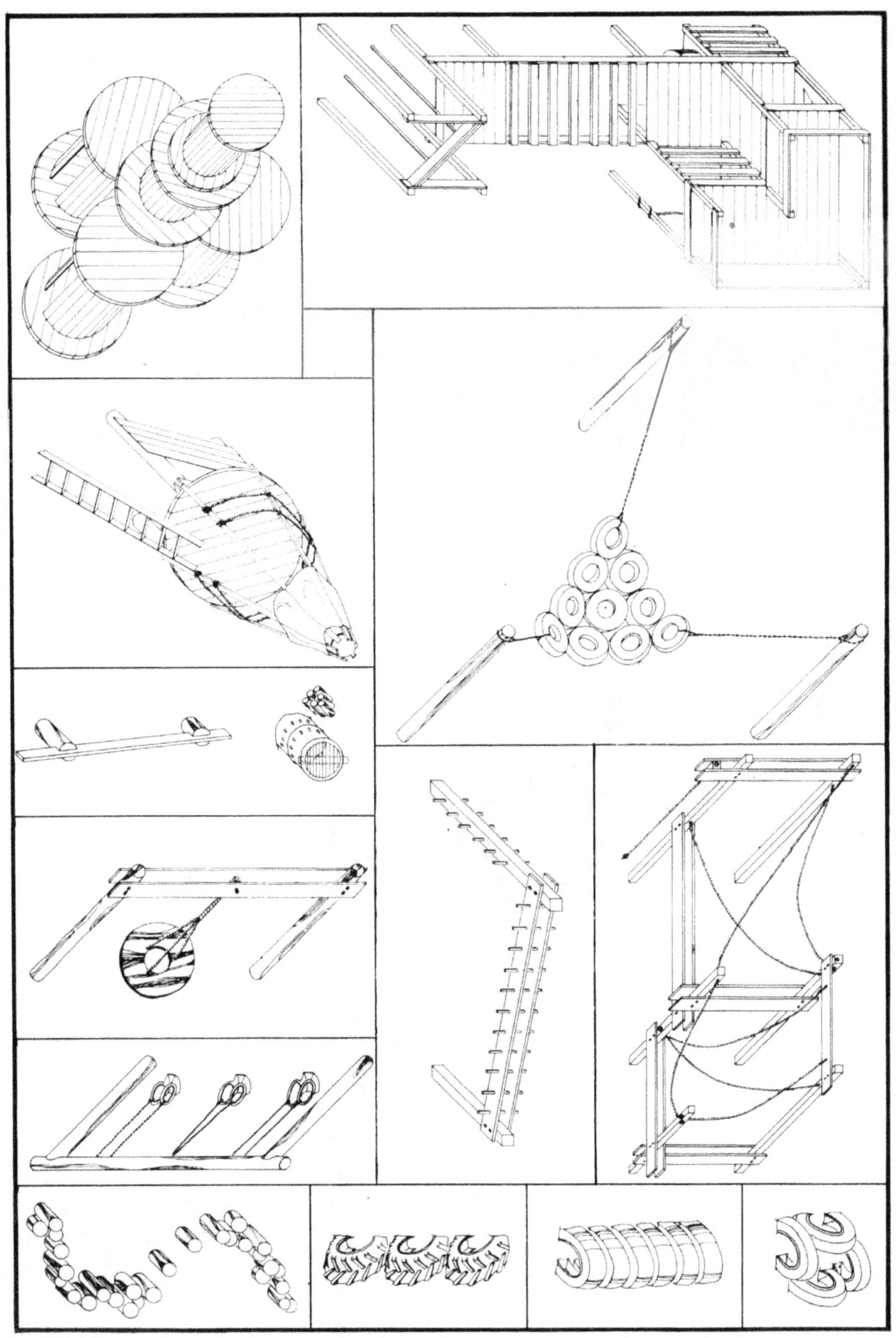

Para el logro efectivo en la planificación de sus OBJETIVOS educativos, es necesario considerar lo siguiente:

LAS ACTIVIDADES QUE DESEA UTILIZAR PARA REALIZAR ESTOS OBJETIVOS, Y EL TIPO DE ADAPTACIONES FÍSICAS QUE QUE LE SEAN ÚTILES PARA FAVORECER ESTAS ACTIVIDADES

El juego está previsto para grupos de tres a cinco personas. Para comenzar, cada jugador selecciona en forma individual, de la lista proporcionada, no más de cinco OBJETIVOS que se consideran de mayor importancia. Deben hacerse notas breves para justificar cada elección. Después de que cada jugador haya hecho sus elecciones, se agrupan las listas individuales.

Los OBJETIVOS se dispondrán para que los puedan ver todos los jugadores. (Nota: Se aconseja volver a escribir cada ACTIVIDAD y OBJETIVO en tarjetas individuales para facilitarle al grupo el manejo de los materiales). A través de la negociación, el grupo debe elegir no más de cinco OBJETIVOS entre todas las declaraciones que se pueden incorporar en un programa educativo unificado.

Se insta a los jugadores a apoyar con firmeza sus opciones individuales, incluso si otros miembros del grupo no hacen las mismas elecciones. Continúe las discusiones hasta que se llegue a un consenso sobre los cinco OBJETIVOS que su grupo considere los más importantes. Esto puede requerir una considerable discusión que sin embargo, se puede limitar a veinte minutos si usted desea. Después de completar esta fase, los miembros del grupo deben registrar sus opciones finales en la hoja de registro.

A continuación, examine individualmente cada OBJETIVO y seleccione tres o cuatro ACTIVIDADES que se pueden utilizar para lograr cada uno de ellos. (Trabaje cada OBJETIVO hasta terminarlo antes de comenzar uno nuevo). Tenga en cuenta que algunas ACTIVIDADES pueden estar relacionadas con más de un OBJETIVO

Luego, combinando estos dos elementos, OBJETIVOS y ACTIVIDADES, se elige un EMPLAZAMIENTO físico que se pueda utilizar para cumplir con los requisitos de cada OBJETIVO. Recuerde que en su hoja de registro, los EMPLAZAMIENTOS debe proporcionar los accesorios, materiales y equipos apropiados para permitir con éxito el desempeño de las ACTIVIDADES.

learning ENVIRONMENTS for children

ambientes de aprendizaje para niños

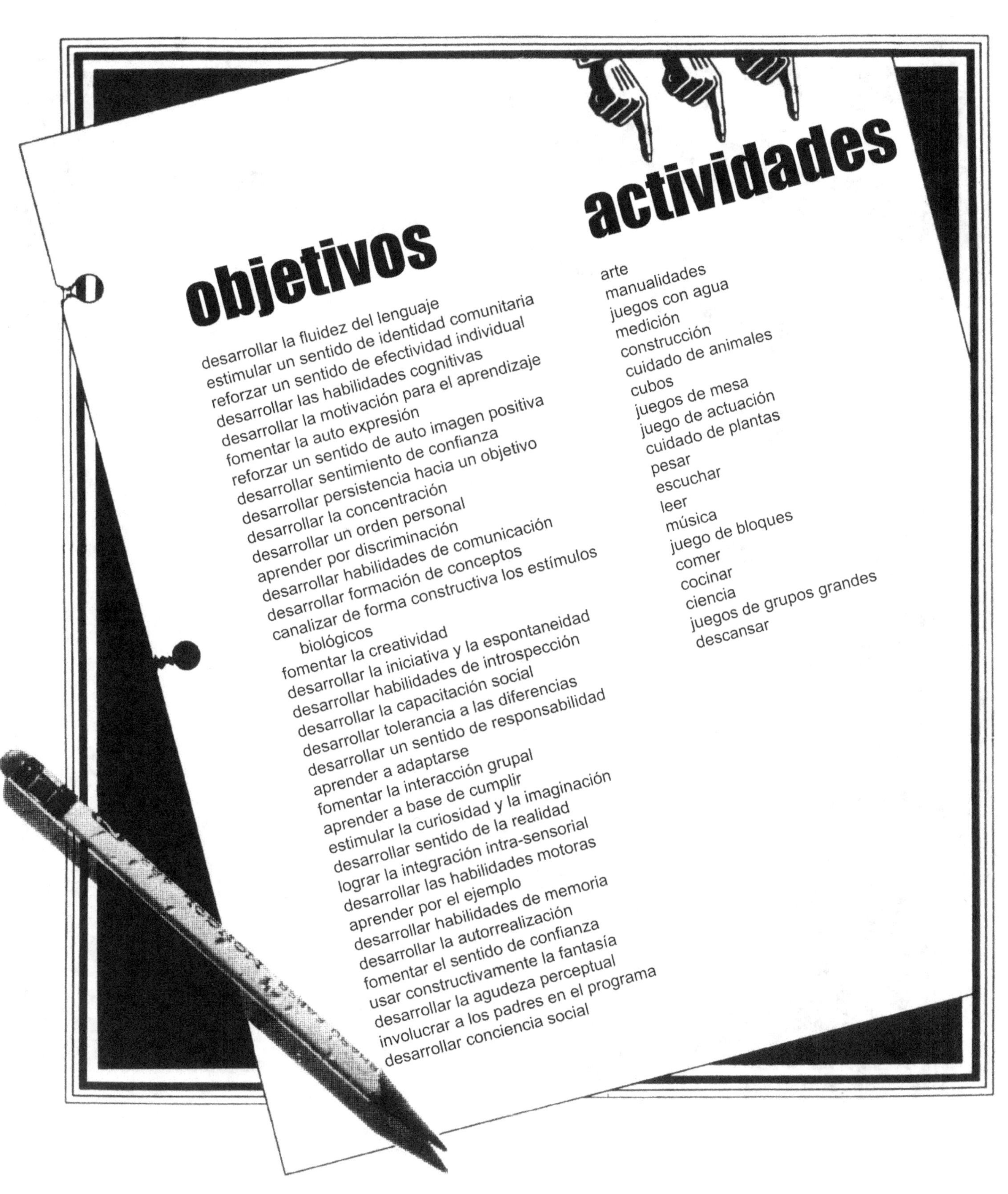

objetivos

desarrollar la fluidez del lenguaje
estimular un sentido de identidad comunitaria
reforzar un sentido de efectividad individual
desarrollar las habilidades cognitivas
desarrollar la motivación para el aprendizaje
fomentar la auto expresión
reforzar un sentido de auto imagen positiva
desarrollar sentimiento de confianza
desarrollar persistencia hacia un objetivo
desarrollar la concentración
desarrollar un orden personal
aprender por discriminación
desarrollar habilidades de comunicación
desarrollar formación de conceptos
canalizar de forma constructiva los estímulos
   biológicos
fomentar la creatividad
desarrollar la iniciativa y la espontaneidad
desarrollar habilidades de introspección
desarrollar la capacitación social
desarrollar tolerancia a las diferencias
desarrollar un sentido de responsabilidad
aprender a adaptarse
fomentar la interacción grupal
aprender a base de cumplir
estimular la curiosidad y la imaginación
desarrollar sentido de la realidad
lograr la integración intra-sensorial
desarrollar las habilidades motoras
aprender por el ejemplo
desarrollar habilidades de memoria
desarrollar la autorrealización
fomentar el sentido de confianza
usar constructivamente la fantasía
desarrollar la agudeza perceptual
involucrar a los padres en el programa
desarrollar conciencia social

actividades

arte
manualidades
juegos con agua
medición
construcción
cuidado de animales
cubos
juegos de mesa
juego de actuación
cuidado de plantas
pesar
escuchar
leer
música
juego de bloques
comer
cocinar
ciencia
juegos de grupos grandes
descansar

hoja de registro
objetivos
actividades
entornos
0
1
2
3
4
5

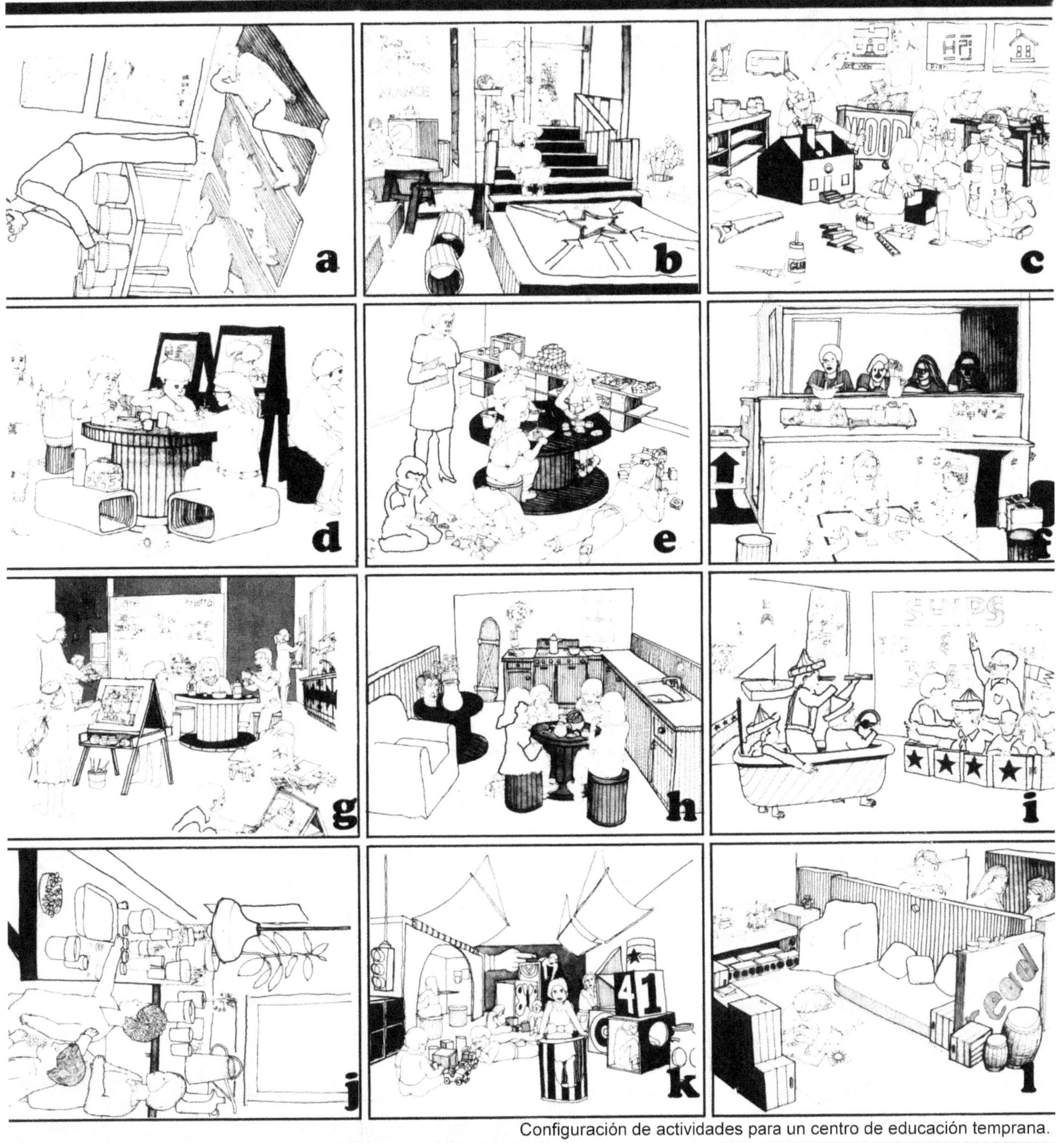

Configuración de actividades para un centro de educación temprana.

DISEÑE UN CENTRO INFANTIL

Planificar un centro infantil es una tarea difícil que requiere tanto del conocimiento del arquitecto, como del maestro de jardín de niños. El problema es similar al del rompecabezas para niños. Hay una serie de piezas que de alguna manera deben encajar con lógica. Sin embargo, a diferencia de un rompecabezas,¬ no hay sólo una solución correcta, o una mejor forma de ajustar las piezas. Las diferencias se originan por las necesidades, los valores y objetivos de los maestros, de los padres y la comunidad. Sin embargo, el aspecto común a todos los grupos es el tipo de actividades en las que participan los niños, y lo que disfrutan y aprender a hacer. Las piezas de este juego representan lo que es común a todos los centros. Cómo lo llevan a cabo o qué piezas se incluyen, puede variar de jugador a jugador. Este juego puede proporcionar el paso preliminar en la planificación de cambios físicos.

Cada uno de los diagramas representa una actividad en un centro infantil. Del conjunto de diagramas es posible planear un centro infantil o un salón de clase, así como remodelar un edificio actual. Los diagramas de actividades incluyen: los servicios administrativos de un centro (acceso, director, personal, etc.); las actividades de los niños en espacios interiores (juego de cubos, arte, manualidades, etc.); y las actividades de los niños al aire libre (escalar, balancear, etc.). Usando los diagramas, es posible planificar relacionando las actividades entre sí, o definir qué actividades pueden realizarse cerca una de otra, y cuales requieren cierta separación.

Dibuje una cuadrícula que coincida con el tamaño de los símbolos de las actividades. Las reglas para los diagramas y la cuadrícula son las siguientes:

1. El diagrama de cada actividad debe colocarse en una cuadrícula vacía.
2. Los diagramas no deben superponerse ni ocupar más de una celda de la cuadrícula.
3. Las actividades deben situarse sobre la base de sus requisitos de privacidad, o de accesibilidad entre sí.

Aunque muchas de las actividades parecen estar relacionadas, cada actividad puede tener contacto directo con un máximo de otras cuatro actividades. Esto significa que la colocación de las actividades en la cuadrícula, requerirá tomar la decisión sobre cuáles son las relaciones más importantes.

Los símbolos gráficos representan las actividades en el centro infantile.

Relaciones de las ilustraciones de actividad con sus símbolos gráficos

DISEÑO
En el Centro Para Adultos Mayores

Los símbolos ilustrados en esta página se utilizaron para representar las áreas de actividad en un centro para adultos. Cada símbolo se seleccionó de un manual de referencia. Este sistema de notación abstracta, es una forma conveniente de estudiar las relaciones espaciales. Use los procedimientos descritos en el diseño del centro infantil para que experimente con las especificaciones dadas para el centro de adultos.

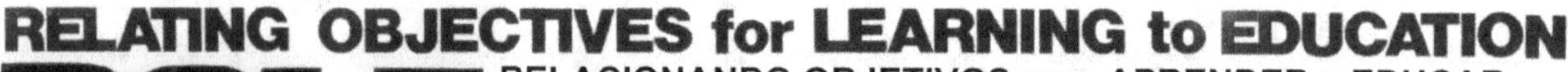

RELATING OBJECTIVES for LEARNING to EDUCATION

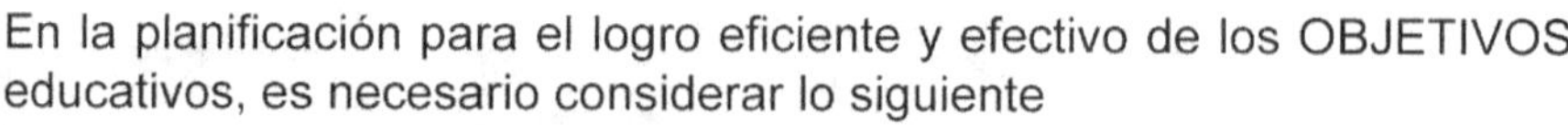

RELACIONANDO OBJETIVOS para APRENDER a EDUCAR

En la planificación para el logro eficiente y efectivo de los OBJETIVOS educativos, es necesario considerar lo siguiente

- MÉTODOS DE APRENDIZAJE que se utilizarán para lograr los OBJETIVOS.
- RELACIONES DE FUNCIONES, entre el estudiante y el maestro, ya sea dirigido por el niño o el maestro. La diferencia principal es, quién toma la decisión sobre la actividad del aprendizaje.
- ENTORNOS o ambientes en los que se lleven a cabo los MÉTODOS DE APRENDIZAJE.

NOTA: Es posible que desee hacer juegos individuales de tarjetas para cada elemento de la lista, así como copias, y hacer los cortes para ajustar las tarjetas. El uso de tarjetas es conveniente para utilizar cada uno de los elementos y que puedan ser vistos por el grupo.

El juego está previsto para que lo juegue un grupo de tres a cinco personas. Para empezar, cada jugador selecciona individualmente a partir del listado de la hoja, no más de cuatro OBJETIVOS que considera ser los más importantes. Se deben hacerse breves notas para justificar cada elección. Después de que cada jugador ha hecho sus elecciones, se agrupan las listas individuales, y las cartas correspondientes a OBJETIVOS se retiran de la baraja. Las cartas de OBJETIVOS se disponen boca arriba, para que puedan verlas todos los jugadores. A través de la negociación el grupo elegirá entre ellas, no más de cuatro tarjetas, con la restricción adicional de que estas cuatro tarjetas puedan ser incorporadas en un único programa educativo unificado. Se anima a los jugadores a que apoyen con determinación sus opciones individuales, incluso si otros miembros no hacen la misma elección, hasta que los convenza, o los otros lo convenzan a él, de que un OBJETIVO deba o no incluirse en los cuatro finales. Esto puede requerir de una discusión substancial. El tiempo debe limitarse a unos 20-30 minutos. Cuando se alcanza el consenso, el grupo debe registrar sus opciones.

Utilice la hoja RECORD DE JUEGO para reportar cada una de sus elecciones. Luego, como grupo, examine cada OBJETIVO individualmente y seleccione las tarjetas de MÉTODO DE APRENDIZAJE, que identifican las estrategias para lograr cada OBJETIVO. (Se debe de trabajar completo cada OBJETIVO, antes de comenzar el siguiente). Algunos MÉTODOS pueden estar relacionados con más de un OBJETIVO. Elija al menos uno, pero no más de 4cuatro MÉTODOS para cada OBJETIVO. El siguiente paso es calificar cada uno de los MÉTODOS DE APRENDIZAJE que se adapte al OBJETIVO original, ya sea que lo dirija el maestro (DM) o un niño (DN).

Combinando estos dos elementos, OBJETIVOS y MÉTODOS DE APRENDIZAJE, escoja un ENTORNO físico propicio que cumplan con los requisitos de cada OBJETIVO, y que mejor se adapte a sus propósitos.

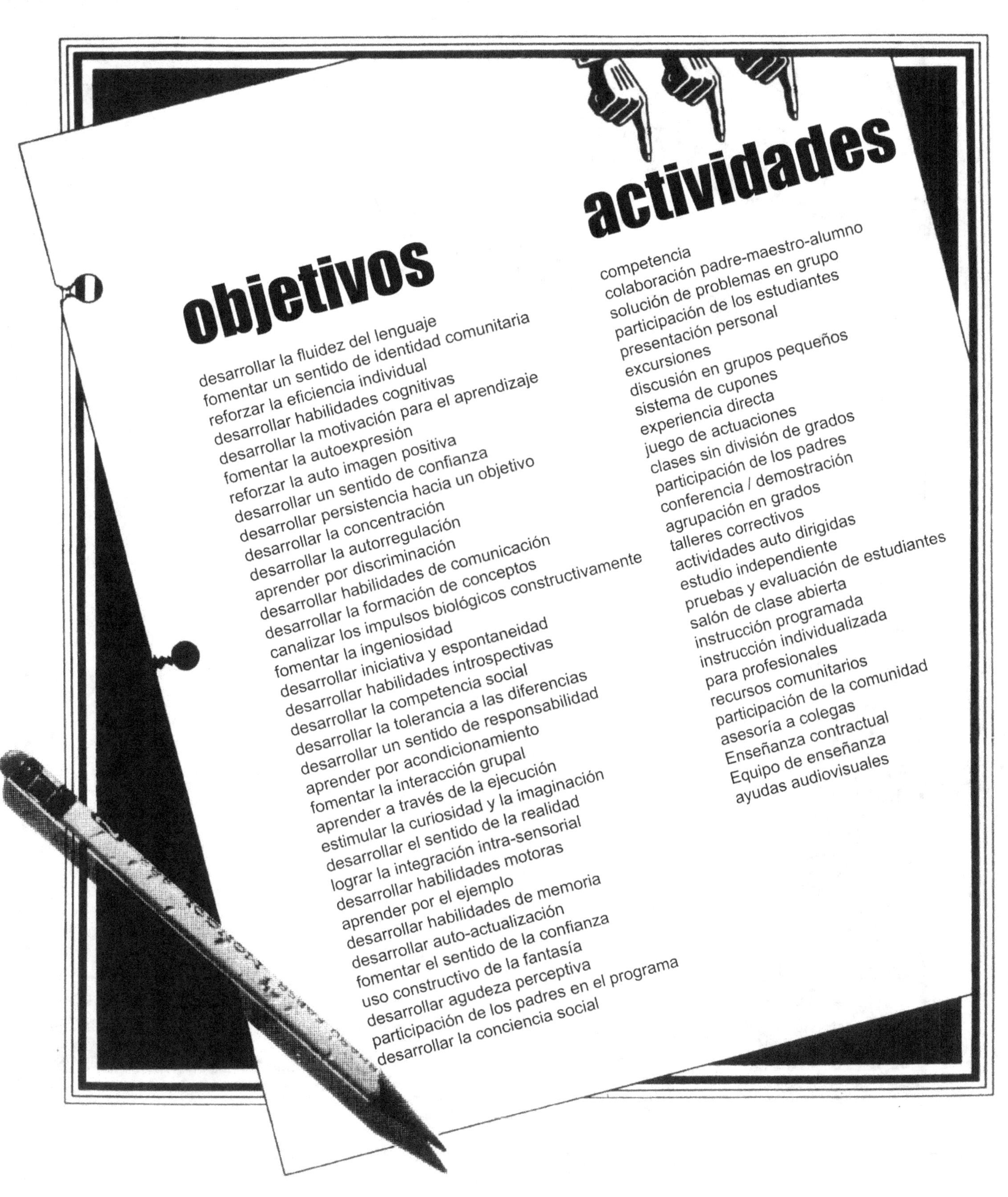
objetivos

desarrollar la fluidez del lenguaje
fomentar un sentido de identidad comunitaria
reforzar la eficiencia individual
desarrollar habilidades cognitivas
desarrollar la motivación para el aprendizaje
desarrollar la autoexpresión
fomentar la auto imagen positiva
reforzar la auto imagen positiva
desarrollar un sentido de confianza
desarrollar persistencia hacia un objetivo
desarrollar la concentración
desarrollar la autorregulación
aprender por discriminación
desarrollar habilidades de comunicación
desarrollar la formación de conceptos
canalizar los impulsos biológicos constructivamente
fomentar la ingeniosidad
desarrollar iniciativa y espontaneidad
desarrollar habilidades introspectivas
desarrollar la competencia social
desarrollar la tolerancia a las diferencias
desarrollar un sentido de responsabilidad
aprender por acondicionamiento
fomentar la interacción grupal
aprender a través de la ejecución
estimular la curiosidad y la imaginación
desarrollar el sentido de la realidad
lograr la integración intra-sensorial
desarrollar habilidades motoras
aprender por el ejemplo
desarrollar habilidades de memoria
desarrollar auto-actualización
fomentar el sentido de la confianza
uso constructivo de la fantasía
desarrollar agudeza perceptiva
participación de los padres en el programa
desarrollar la conciencia social

actividades

competencia
colaboración padre-maestro-alumno
solución de problemas en grupo
participación de los estudiantes
presentación personal
excursiones
discusión en grupos pequeños
sistema de cupones
experiencia directa
juego de actuaciones
clases sin división de grados
participación de los padres
conferencia / demostración
agrupación en grados
talleres correctivos
actividades auto dirigidas
estudio independiente
pruebas y evaluación de estudiantes
salón de clase abierta
instrucción programada
instrucción individualizada
para profesionales
recursos comunitarios
participación de la comunidad
asesoría a colegas
Enseñanza contractual
Equipo de enseñanza
ayudas audiovisuales

hoja de registro
objetivos
métodos
entorno
1
2
3
4
5

Settings

EL DESAFÍO DEL MEDIO AMBIENTE

Hoy en día, mucha gente habla del problema de la amenaza al medioambiente. Pero sólo tener la preocupación no es suficiente, y muy pocas personas están haciendo lo necesario para mejorar sustancialmente el aire que respiramos, el agua que bebemos o la belleza de nuestro entorno. "¿Qué puedo hacer," se preguntan, "para ser parte de la solución?" Una forma de empezar es decidir, vivir "ecológicamente" y adoptar un estilo de vida basado en consumir con moderación. Otra forma, es tomar acciones individuales y colectivas contra los que contaminan. Si usted se convierte en un amigo activo del planeta tierra, puede ayudar a desencadenar una reacción en cadena que podría ayudar a salvar de la extinción los recursos del mundo, y mejorar el medio ambiente.

Este es un juego diseñado originalmente, para facilitar la selección de las actividades de los campamentos infantiles identificando los más importantes objetivos ambientales, y luego decidir el lugar más adecuado para lleva a cabo las actividades seleccionadas. Originalmente fue diseñado para el Consejo de Pines of Carolina Girl Scout, en la planificación de las actividades de su campamento, que utilizamos aquí como ejemplo. Sin embargo, puede adaptar los mismos métodos a las necesidades de su comunidad, sustituyendo un mapa de un campamento de verano local, de un parque de la ciudad o un área de recreo escolar.

objetivos ambientales

DESARROLLAR HABILIDADES MOTORAS

DESARROLLAR HABILIDADES PARA ACAMPAR

DESARROLLAR AUTO-EXPRESIÓN

DESARROLLAR HABILIDADES DE MEMORIA

PROMOVER LA INICIATIVA Y LA ESPONTANEIDAD

DESARROLLAR CONSCIENCIA DE LA PRESERVACIÓN

DESARROLLAR HABILIDADES INTROSPECTIVAS

DESARROLLAR TOLERANCIA A LAS DIFERENCIAS

DESARROLLAR LA FLUIDEZ DEL LENGUAJE

DESARROLLAR SENTIDO DE CONFIANZA

DESARROLLAR CONFIANZA SOCIAL

DESARROLLAR MOTIVACIÓN PARA APRENDER

DESARROLLAR LA CONCIENCIA COMUNITARIA

DESARROLLAR LA AUTO REGULACIÓN

DESARROLLAR HABILIDADES DE SEGURIDAD

FOMENTAR EL INGENIO

DESARROLLAR HABILIDADES DE COMUNICACIÓN

DESARROLLAR LA CONCENTRACIÓN

DESARROLLAR LA PERCEVERANCIA HACIA UN OBJETIVO

DESARROLLAR LA CONCIENCIA AMBIENTAL

Compruebe los temas que le interesan y añade sus propias

reglas

El juego está previsto para que lo juegue un grupo de tres a cinco personas. Para empezar, cada jugador selecciona en forma individual, de la lista proporcionada, no más de cinco OBJETIVOS que se consideren ser los más importantes. Después de que cada jugador haya hecho sus elecciones, se agruparán las listas individuales.

Los OBJETIVOS se colocan boca arriba para que puedan ser vistos por todos los jugadores. Negociando, el grupo debe elegir entre todos los OBJETIVOS, no más de cinco, con la restricción adicional de que debe ser posible que estos cinco objetivos puedan ser incorporados en un programa ambiental. Se alienta a los jugadores a apoyar sus opciones con determinación en forma individual, incluso si otros miembros del grupo no hacen las mismas elecciones. Continúe negociando hasta llegar a un consenso sobre los OBJETIVOS que su grupo considere ser los más importantes.

A continuación, como grupo, examine uno por uno cada OBJETIVO y seleccione cuatro ACTIVIDADES que se pueden usar para lograr cada OBJETIVO. (Debe trabajar cada OBJETIVO hasta terminarlo, antes de comenzar uno nuevo.) Tenga en cuenta que algunas ACTIVIDADES se pueden relacionar con más de un OBJETIVO.

Luego, combinando estos dos elementos -OBJETIVOS y ACTIVIDADES- elija un ENTORNO físico que se puede utilizar para cumplir con los requisitos de cada OBJETIVO. Recuerde, el ENTORNO debe proporcionar un ambiente que permita el éxito de las ACTIVIDADES.

Pines of Carolina Girl Scout Council

actividades

 Edificios
 Cobertizo
 Camping en grupo
 Hostel pionero
 Campamento

 Guardabosques
 Refugio de picnic
 Circuito del consejo
 Área de picnic
 Incendios

 Patio de recreo
 Torre de vigilancia
 Sitios de remolque
 Establos
 Auditorio

 Primeros auxilios
 Duchas
 Presa
 Lavadero
 Deportes acuáticos

 Refugio para dormir
 Sendero natural
 Sendero sin guía
 Sendero bicicleta
 Excursionismo

 Ping pong
 Pesca
 Criadero de pescado
 Remar en bote
 Salto

 Buceo
 Esquí acuático
 Barco de vela
 Juego de tejo
 Billar

 Juego de herraduras
 Softbol
 Tenis
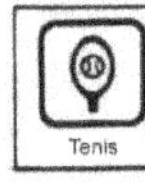 Tiro con arco
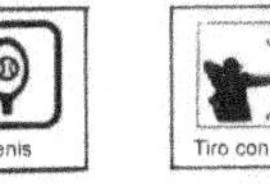 Futbol

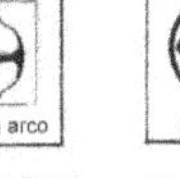 Anfiteatro
 Teatro
 Golf
 Campo de tiro
 Deporte de invierno

 Área venado
 Arte
Béisbol
Lugar de vado
Embarcadero

plan conceptual de escenas del sitio

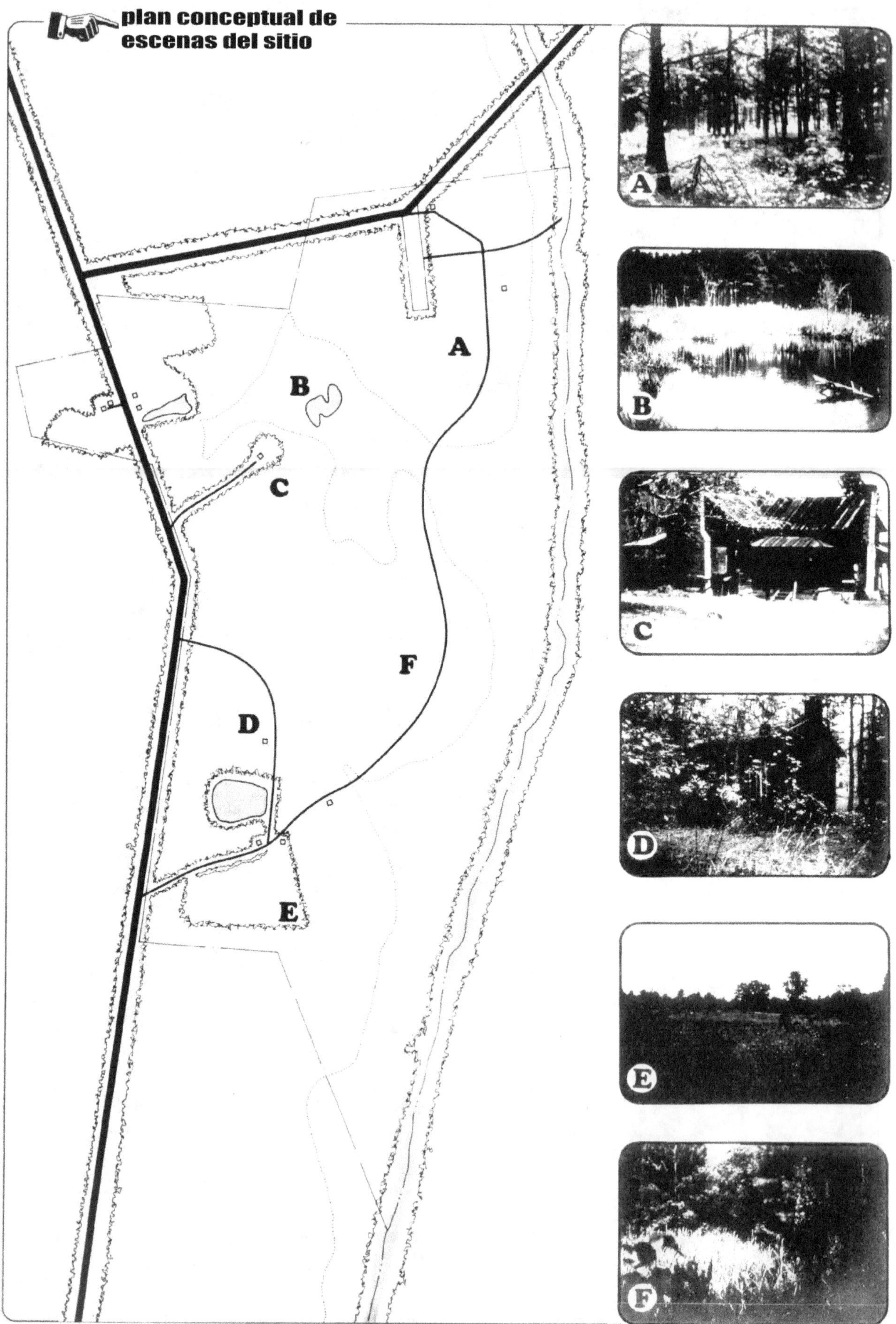

objetivos ambientales

DDESARROLLO DE HABILIDADES DE ACAMPAR

DESARROLLO DE HABILIDADES DE SEGURIDAD

DESARROLLO DEL SENTIDO DE CONFIANZA

DESARROLLO DE LA CONCIENCIA AMBIENTAL

DESARROLLO DE LA CONCIENCIA DE PRESER-VACIÓN

DESARROLLO DE LA TOLERANCIA A LAS DIFER-ENCIAS

FOMENTO DEL INGENIO

estrategia de desarrollo

Camino natural   *A-E   F*

Camino natural autoguiado para tropas individuales

actividades

plan conceptual de la ubicación actividades

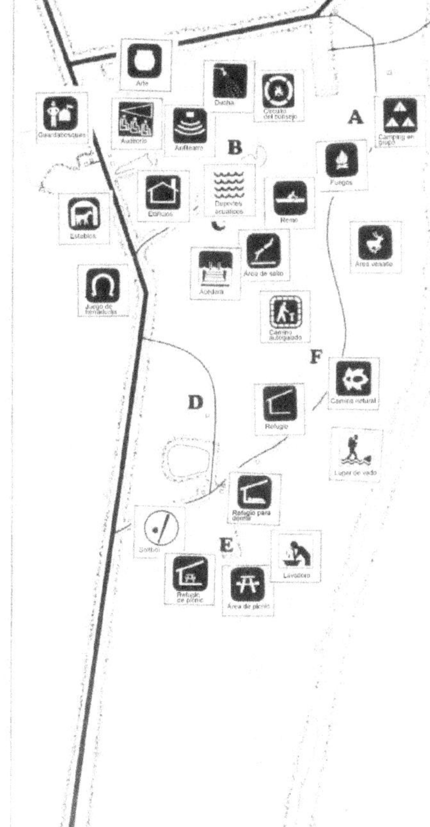

ROLE PLAY
Juego de dramatización

El propósito de este juego de resolución de problemas, es desarrollar un programa para su escuela donde el arquitecto pueda crear un ambiente apropiado para que se de el aprendizaje. Un programa es una declaración sobre los objetivos educativos y las condiciones necesarias para que se logren.

Este juego de dramatización comienza con un grupo de estudiantes actuando las partes de los miembros de un comité de construcción, junta escolar, o lo que mejor se adapte a su situación.

Tendrá que incluir toda su información "base", según el número de estudiantes en la escuela, sus edades, y cualquier información que considere pertinente.

Cada estudiante asumirá un papel diferente en la toma de decisiones, lo cual probablemente los pondrá en conflicto entre sí. Es importante recordar que hay que actuar cada papel con mucha determinación, y lograr que todo el grupo llegue a algún acuerdo periódico.

Padre No. 1: Está enviando a su hijo a esta escuela para que pueda estar con niños de su mismo nivel social. En las escuelas públicas su hijo convive con niños con los que no quiere que se involucre- "niños que no son de su clase"

Padre No. 2: Siente que esta escuela le ofrecer a su hijo mejores oportunidades académicas. Está interesado en que su hijo aprenda lectura, escritura y aritmética y obtenga buenas calificaciones para que pueda tener éxito en la vida.

Padre No. 3: Siente que las escuelas públicas no entienden a su hijo. No se lleva bien con los maestros. Lo regañan por cosas que no hace y lo acusan erróneamente. Siente que en esta escuela con grupos pequeños y mejores maestros, lo comprenderán mejor y hará las cosas bien.

Director: Usted, el director, siente que la educación es auto dirigida. Cada niño persigue sus propios intereses a su propio ritmo de desarrollo. Cada niño recibe instrucción individual según sea necesario.

Arquitecto: Usted diseña una escuela para esta comunidad. Con el fin de lograr este objetivo con éxito, debe saber a partir del comité de construcción, de los padres, los maestros y el director, cuáles son los objetivos educativos. Cada una de las ideas con la que contribuyen los participantes pueden crear conflictos. Su papel es dirigir al grupo para alcanzar un cierto acuerdo sobre metas y objetivos.

Constructor, miembro del Comité de Construcción: A usted, como constructor, le corresponde considerar el costo de la construcción. Para usted, una buena escuela significa construir con excelente material a un bajo costo. Usted apoyará la mayoría de las ideas sobre la educación, siempre y cuando no interfieran con una construcción sólida.

Ministro, miembro del Comité de Construcción: Usted, el clérigo, se preocupa por la educación religiosa. Desea que se dedique más tiempo a la enseñanza de la Biblia como una parte importante de los objetivos educativos.

Doctor, miembro del Comité de Construcción: Usted, el doctor, siente que el logro académico es de suma importancia. Debe haber un énfasis en el aprendizaje de datos importantes e información, y acabar con toda esta libertad sin sentido del niño persiguiendo sus propios intereses. Su hijo debe aprender y obtener buenas calificaciones para que pueda entrar en una buena universidad.

Maestro No. 1: Usted cree en un horario estricto: Todos los niños hacen juntos todas las actividades. Se les asignan tareas y deben cumplir con ellas. Una tarde a la semana se reserva para "tiempo libre".

Maestro No. 2: Usted cree que con materiales apropiados y una buena guía para su uso, los niños pueden avanzar a su propio ritmo e interés. Ellos tienen la libertad de preguntarle al maestro y pedir su ayuda cuando sea necesario. Los niños pueden moverse libremente con el permiso del maestro.

El Grupo de Desarrollo Comunitario (CDG por sus siglas en inglés) de la Escuela de Diseño de la Universidad Estatal de Carolina del Norte, usó el procedimiento KEEPS para ayudar a desarrollar estrategias de preservación para Murfreesboro, Carolina del Norte.
Estas páginas muestran parte de su investigación y planificación. El proyecto terminado se presenta en DESIGNING WITH COMMUNITY PARTICIPATION por Henry Sanoff, publicado por Dowden, Hutchinson y Ross, Inc., 1978.

Murfreesboro, NC
Alternativas del plan para el registro nacional de distrito histórico

En años recientes, la pequeña ciudad de Murfreesboro, NC, bajo la dirección de la Asociación histórica local, rehabilitó y adaptó para usarlos, varios de sus edificios antiguos históricamente significativos. Como resultado, la comunidad no sólo se ha beneficiado de que crezca el espacio que tiene el potencial de apoyar una variedad de actividades, sino que también retiene sus importantes recursos educativos y culturales como un recordatorio del desarrollo físico y social de la ciudad. Este concepto de conservación a través del uso adaptativo se está aplicando en muchos lugares de todo el país y se reconoce ampliamente un enfoque lógico para obtener espacios aprovechables mientras se rescatan edificios antiguos, particularmente en ciudades pequeñas como esta.

El primer proyecto para renovar y utilizar un edificio histórico en Murfreesboro, comenzó a finales de los años sesenta. Al mismo tiempo, un distrito histórico de doce cuadras se estableció cerca del centro de la ciudad, y se dio el control sobre su desarrollo a la Comisión de Distrito Histórico y a la Asociación Histórica Murfreesboro (MHA por sus siglas en inglés). Desde entonces, la MHA ha patrocinado otros dos proyectos de reutilización pública, animó a particulares a restaurar seis casas antiguas para uso residencial, adquirió varios sitios dentro del distrito histórico para una posible reubicación de edificios en peligro de extinción, y recibió asistencia federal y estatal para estos y otros proyectos. Lo que faltaba, sin embargo, era un plan integral que dirigiera el futuro crecimiento del distrito histórico. Las decisiones para actuar sobre un asunto, se tomaron según se ponían a disposición los recursos o cuando surgía una crisis.

Se pidió al Grupo de Desarrollo de la Comunidad (CDG por sus siglas en inglés) que elaborara un plan que permitiera a MHA tomar decisiones más efectivas y dirigir el futuro del distrito histórico. CDG es un estudio de arquitectura graduado en la Escuela de Diseño de la Universidad Estatal de Carolina del Norte.

SECCIÓN CENTRAL DISTRITO HISTÓRICO

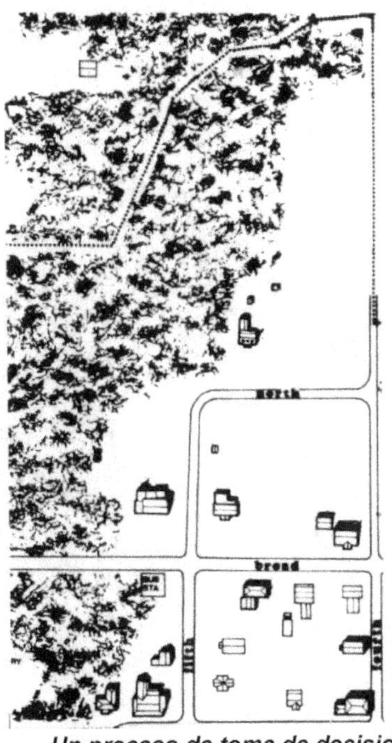

objetivos relacionados con el área

- AÑADIR Y SUPRIMIR LOS OBJETIVOS GENERALES DEL CAMBIO DE LA MHA

* Preservar edificios arquitectónicamente e históricamente importantes

* Impulsar el interés de la comunidad y el orgullo cívico

* Cambio de control en el distrito histórico

* Utilice el río y los barrancos al máximo potencial

* Restaurar casas respetando su época con autenticidad

* Involucrar a más personas en los planes de la MHA

* Favorecer negocios a lo largo de la calle principal

* Eliminar las casas no históricas del distrito histórico

- _______________________

———————————————————
———————————————————
———————————————————
———————————————————
———————————————————
———————————————————
———————————————————
———————————————————

cualidades / importancia del área

- AÑADIR Y SUPRIMIR LOS OBJETIVOS GENERALES DEL CAMBIO DE LA MHA

* Mayor densidad de edificios históricos en Murfreesboro

* Mayor concentración de arquitectura de estilo Federal

* Los edificios más antiguos de Murfreesboro

* El carácter rural aún evidente

* Interrelación rural / ciudad

* Amplia gama de estilos arquitectónicos representados

Área al norte de la casa Wheeler

* Mayor concentración de tierra propiedad de MHA

* Bordes en el barranco más grande

* Sección de la ciudad original presentada por William H. Murfree en 1787

* La mayor concentración de estructuras históricas de ladrillo en Murfreesboro

* El patio de la casa Thompson, incluye un gran espacio abierto, apto para una amplia gama de usos

Un proceso de toma de decisiones en grupo, donde se generan soluciones alternativas a partir de objetivos

---

* Muchos edificios arquitectónicamente significativos

Casa Wheeler

* Característica residencial distinta

* A una cuadra del CBD

* Atracción turística

* Muy poco tráfico vehicular a través de esta zona o en sus límites

* Ofrece espacio para reubicar edificios de otros lugares de la ciudad

* Delimitada por una zona residencial bulliciosa

* A una cuadra del Ayuntamiento y centro comunitario

* Cerca del río Meherrin

* Gran cantidad de árboles y arbustos

Fachada trasera de la casa Myrick

* Incluye un antiguo cementerio

* Amplio espacio de patio, por edificio

* Los edificios significativos expresan los estilos de vida de principios de 1800

- _______________________

———————————————————
———————————————————
———————————————————
———————————————————
———————————————————
———————————————————
———————————————————
———————————————————
———————————————————
———————————————————
———————————————————
———————————————————
———————————————————

elegir el plan "correcto"

- CADA VEZ QUE SE IMPLEMENTA CUALQUIER SUGERENCIA GENERAL O ESPECÍFICA, QUE SE CONSIDERA EN VIRTUD DE CUALQUIERA DE LOS SIGUIENTES PLANES ALTERNATIVOS, PASAN POR EL PROCEDIMIENTO DE ELEGIR EL PLAN 'CORRECTO' DEL CAPÍTULO ANTERIOR.

implementar el plan "correcto"

- SI EL MHA ES DIFERENTE, MEJOR, O CON SUGERENCIAS MÁS PRECISAS PARA IMPLEMENTAR CUALQUIERA DE LOS SIGUIENTES PLANES ALTERNATIVOS, VAYA A LA GUÍA DE DECISIONES DEL SIGUIENTE CAPÍTULO PARA DEFINIR SI LAS SUGERENCIAS SON ACEPTABLES.

plan alternativo 1

- ELIMINE TODAS LAS SUGESCIONES QUE NO TIENEN PERTINENCIA O YA SE HAN IMPLEMENTADO

política

Debe implementarse un programa que promueva una imagen histórica distinta para el área.

efecto

Área tendrá la mayor densidad de estructuras significativas en Murfreesboro.

sugerencias generales para la implementación

Los fondos existentes del MHA deben usarse para rehabilitar / restaurar los edificios propiedad de la MHA que actualmente están ubicados en el área, en vez de mover edificios dentro de ella desde otras ubicaciones.

Siga la lista de prioridades que se da a continuación, para gastos en rehabilitación / restauración de edificios, propiedad de MIHA en el área:

(1) Restaurar el exterior de la casa Ferguson [1]

(2) Rehabilitar el exterior del edificio en la esquina SW de Broad Street y Fourth Street [1]

(3) Restaurar el exterior de la casa Thompson [1]

(4) Restaurar el exterior de la oficina de abogados Winborne [1]

(5) Rehabilitar el interior y restaurar el exterior de la casa de Williams [1]

(6) Restaurar el interior de la oficina de abogados Winborne [1]

(7) Rehabilitar el interior del edificio en la esquina SW de Broad Street y Fourth Street [1]

(8) Restaurar el exterior de la oficina de abogados de Murfree [2]

(9) Rehabilitar el interior de la casa Thompson [2]

keeps

Knowledge of Emerging Environmental Preservation Strategies
Conocimiento de las Nuevas Estrategias de Preservación Ambiental

KEEPS

es un juego diseñado para proporcionar a los grupos interesados en preservar muchas de las cualidades ambientales, exclusivas de los barrios más antiguos, distritos y ciudades, una comprensión de las estrategias que se les presentan. La organización y la planificación para preservar las cualidades que su grupo ha identificado como importantes, se basan en considerar:

-Las cualidades ambientales que su grupo considera deben desarrollarse.
-Sus metas.
-El tipo de estrategias que su grupo puede utilizar de manera realista para lograr sus metas.

Para empezar, cada jugador selecciona de la lista de objetivos proporcionada, no más de cuatro objetivos que su grupo ha decidido pueden ser importantes para desarrollar las cualidades ambientales. Al hacer sus selecciones iniciales, hagan notas breves que justifiquen cada opción. Cuando todos los miembros del grupo han hecho sus elecciones de objetivos, se agrupan las listas individuales.

A través de la negociación, el grupo debe elegir un total de cuatro objetivos, con la restricción adicional de que los cuatro comentarios deben incorporarse a un programa unificado de conservación. Se insta a los jugadores a apoyar con determinación sus opciones individuales, incluso si otros miembros del grupo difieren.

La discusión debe continuar hasta que los miembros del grupo persuadan, o se convenzan a sí mismos, de incluir cuatro metas que reflejen las prioridades del grupo. Esto requiere de un nutrido debate.

Cuando se alcanza el consenso, el grupo debe introducir sus opciones en el registro.

Luego, usando la lista de estrategias, cada jugador debe seleccionar de forma individual, no más de cuatro estrategias de implementación que pueden usarse para lograr con eficiencia, cada una de las opciones de la meta. Trabaje cada meta hasta el final, antes de comenzar una nueva. Y tenga en cuenta, que algunas estrategias pueden relacionarse con más de una de sus opciones para llegar a su meta. Después de que todos los miembros de su grupo hayan hecho sus selecciones de estrategia, agrupe sus listas y negocie las selecciones finales de su grupo. Como se procedió antes, se insta a los jugadores a persuadir a todo el grupo para que incluya sus propias selecciones particulares. Su hoja de registro completa, ahora contiene el esquema de un programa de conservación generado de manera colectiva. Combine los resultados de todos los grupos de trabajo y utilícenlos como esquema para futuros debates y acciones. Recuerde, el futuro depende de usted, y es por lo que estamos jugando KEEPS.

METAS

- Conservar parajes, sitios emblemáticos, objetos y edificios con significado histórico,
- Mayor participación pública y privada en las decisiones que puedan alterar el carácter de la zona
- Aumento de la conciencia pública por el exclusivo carácter físico de las áreas
- Uso óptimo, o reutilización de sitios en la zona
- Preservación de las características visuales del barrio
- Influir en la inversión pública y privada para el bien de la zona
- Desarrollo del barrio compatible con los objetivos de largo alcance para el desarrollo de
  la ciudad
- Concientización pública de los recursos históricos de la zona
- Preservación de la cohesión social del barrio
- Mantenimiento y mejoría de inmuebles
- Incrementar la participación pública en el desarrollo del área
- Influir en programas de mejora de los barrios en otras partes de la ciudad
- Control del crecimiento y desarrollo en la zona

ESTRATEGIAS

- Alentar a los propietarios a renovar el mantenimiento de sus propiedades
- Alentar a las organizaciones cívicas a limpiar, o mantener las áreas
- Ofrecer a empresas y personas interesadas en el desarrollo de las áreas, servicios arquitectónicos preliminares
- Fomentar programas privados de creación de áreas verdes
- Mover un edificio con significado histórico para rellenar un sitio clave desocupado
- Fomentar las actividades peatonales en áreas clave, mediante la petición de programas
  de mejoras de caminos
- Contactar a otras organizaciones que hayan iniciado proyectos similares, para pedir asesoría
- Tener un día de "plantación" en una área amplia
- Desarrollar directrices detalladas de diseño, para mantener una imagen consistente del área
- Organizar la compra de materiales a granel
- Adquirir apoyo de una agencia pública
- Fomentar la demolición de edificios que no tienen ninguna posibilidad de ser reparados
- Utilizar medios de comunicación locales, para hacer visibles los problemas
- Examinar la posibilidad de subvenciones federales y estatales
- Presionar por cambios de zonificación, que le aseguren la implementación de sus metas
- Comprar y restaurar edificios y sitios clave para autentificar el periodo
- Patrocinar programas en toda el área, para un "día de limpieza"
- Identificar y evaluar edificios y sitios históricamente significativos
- Adquisición, rehabilitación y reutilización adecuada, presionando por cambios en edificios y sitios significativos en la zona
- Desarrollar programas y estándares, respecto al derecho de los vecinos al acceso a la propiedad
- Servicios públicos subterraneos
- Comprar, rehabilitar y vender
- Comprar, rehabilitar y alquilar
- Control de la publicidad exterior
- Desarrollar un fondo revolvente
- Plantación de árboles y mantenimiento de la propiedad pública

Los dibujos anteriores caracterizan una secuencia de cambios que se han dado en una ciudad no muy diferente a la suya. Para el propósito de este ejercicio, suponga que su ciudad actual está en la etapa dos en el proceso de cambio, avanzando rápidamente hacia la etapa tres si no se toma ninguna acción. Siendo un grupo comunitario de planificación, se interesa en respetar ciertas cualidades que se perdieron en su ciudad, así como mantener o mejorar las características que la hagan más humana. Para comenzar, cada individuo de su grupo de trabajo (de tres a cinco jugadores) debe enumerar brevemente las cualidades ambientales importantes. Luego, como grupo, se discute el punto de vista de cada persona sobre la ciudad, hasta que se llegue a un acuerdo. A continuación, continúe con la fase de selección de objetivos.

cualidades ambientales

HOJA DE REGISTRO

1

2

3

4

de Henry Sanoff, Designing with Community Participation, (Dowden, Hutchinson & Ross, 1978)

Los dibujos anteriores caracterizan una secuencia de cambios que se han dado en una ciudad no muy diferente a la suya. Para el propósito de este ejercicio, suponga que su ciudad actual está en la etapa dos en el proceso de cambio, avanzando rápidamente hacia la etapa tres si no se toma ninguna acción. Siendo un grupo comunitario de planificación, se interesa en respetar ciertas cualidades que se perdieron en su ciudad, así como mantener o mejorar las características que la hagan más humana. Para comenzar, cada individuo de su grupo de trabajo (de tres a cinco jugadores) debe enumerar brevemente las cualidades ambientales importantes. Luego, como grupo, se discute el punto de vista de cada persona sobre la ciudad, hasta que se llegue a un acuerdo. A continuación, continúe con la fase de selección de objetivos.

cualidades ambientales

Restaurar la comunidad

Limitar la comercialización

Recuperar el carácter histórico

Equilibrar las zonas tranquilas y ajetreadas

Reducir el impacto negativo

HOJA DE REGISTRO

1 *Aumentar la sensibilidad pública sobre el exclusivo carácter físico del área*	*Identificar y evaluar edificios y sitios históricamente significativos*
	Adquirir el apoyo de la administración pública
	Utilizar los medios de comunicación para dar notoriedad a los problemas
2 *Mayor participación pública y privada en la toma de decisiones que pudieran alterar el carácter de la zona*	*Contactar con otras organizaciones que hayan motivado proyectos similares, para pedir asesoría*
	Presionar por cambios de zonificación que pueden asegurar la implementación de sus metas
	Ofrecer servicios arquitectónicos preliminares a empresas y personas interesadas en el desarrollo
3 *Preservación de la cohesión social del barrio*	*Desarrollar directrices detalladas de diseño para mantener una imagen consistente del área*
	Alentar a los propietarios a aumentar el mantenimiento de la propiedad
	Alentar a las organizaciones cívicas a limpiar o mantener las áreas
4 *Desarrollo del barrio compatible con los objetivos de largo alcance para el desarrollo de la ciudad*	*Presionar por cambios en la norma, que puedan contribuir a la implementación de sus metas*
	Adquirir y adaptar la rehabilitación para reutilizar adecuadamente los edificios y sitios significativos
	Desarrollar un fondo revolvente

de Henry Sanoff, Designing with Community Participation, (Dowden, Hutchinson & Ross, 1978)

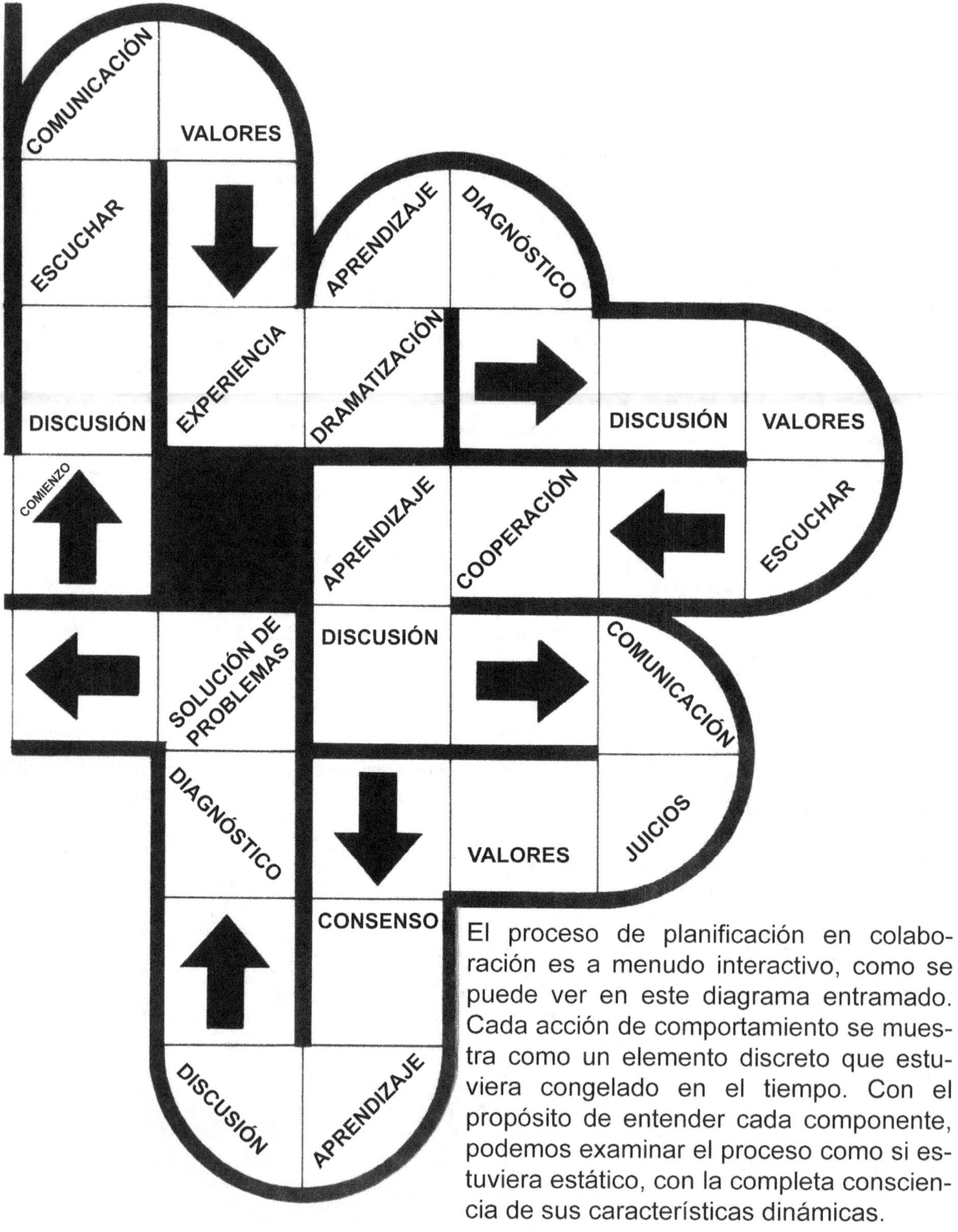

El proceso de planificación en colaboración es a menudo interactivo, como se puede ver en este diagrama entramado. Cada acción de comportamiento se muestra como un elemento discreto que estuviera congelado en el tiempo. Con el propósito de entender cada componente, podemos examinar el proceso como si estuviera estático, con la completa consciencia de sus características dinámicas.

5 JUEGOS DE CONSERVACIÓN DE ENERGÍA

Actualmente utilizamos la energía a un ritmo tremendo para que nuestras ciudades operen y crezcan. La forma en que usamos la energía se puede comparar con una familia que vive de sus ahorros, que guarda en un banco y desaparecen rápidamente. Este proceso no puede continuar a menos que se agregue algún "ingreso" a los ahorros. En el campo de la energía, el ingreso disponible es la energía solar, o insolación. Durante millones de años, esta energía gratuita se ha utilizado de manera ineficiente. Ahora con nuestra "crisis energética", este ingreso, esta energía gratuita, debe convertirse en las formas de energía que necesitamos.

Hay mucho que saber sobre la energía solar, especialmente para calentar y ventilar los edificios. Un examen de la indolente literatura actual sobre energía solar, ha inducido a clasificar las estrategias de calentamiento y ventilación para diversas regiones climáticas. Nuestra interpretación de estas estrategias se ilustra en las siguientes páginas.

ENERGÍA
CONSERVACIÓN
OPORTUNIDADES

Conservar la energía significa reducir la cantidad de combustible y la electricidad que usan los edificios, lo que repercute en el ahorro de costes, especialmente con el aumento del coste del combustible bruto. Un enfoque de conservación tiene implicaciones inmediatas de largo alcance, incluyendo la prolongación de la vida del equipo, la reducción de residuos y las ventajas nacionales, como la conservación de los recursos naturales.

Muchas medidas de conservación pueden ser ejecutadas directamente por ocupantes de edificios, dueños y gerentes sin necesidad de asesoramiento de expertos. Este juego pretende generar discusiones sobre oportunidades de conservación. Puede haber, sin embargo, muchas otras medidas que no requieren costos de capital significativos pero pueden requerir un análisis adicional por un arquitecto o un ingeniero. Nos ocuparemos de aquellas medidas que sólo pueden requerir una modificación del comportamiento de los ocupantes del edificio, como apagar las luces cuando no es necesario, informar ventanas rotas o tuberías con fugas y limpiar las ventanas para dejar entrar más luz natural.

Este procedimiento se basa en un proceso creativo de toma de decisiones donde los miembros del grupo deben juntar sus juicios para descubrir un curso de acción satisfactorio.

Para empezar, deben formarse grupos en los que hay entre siete y nueve individuos sentados alrededor de una mesa a plena vista uno del otro. De la lista de oportunidades de conservación de energía cada participante debe identificar tres ideas que consideran más importantes. Cada individuo, entonces, presenta una idea de su lista. Un facilitador de grupo debe escribir cada idea en una hoja grande de papel de periódico para que sea visto fácilmente por todos los miembros del grupo. Deben mantenerse las discusiones relativas a las ideas individuales hasta que se complete la lista.

La siguiente parte de la sesión está organizada para que cada idea sea cuidadosamente examinada y aclarada. La votación independiente se lleva a cabo cuando cada miembro selecciona las prioridades por orden de clasificación de la lista. El facilitador entonces pone en común el resultado de los votos individuales para la decisión del grupo.

1	Proporcionar ventilación mientras se necesite y no en forma continua.		**12**	Unificar los espacios ocupados cuando se utilizan los edificios después de horas de trabajo.
2	Instalar recubrimientos en las ventana para controlar la tasa de flujo de calor dentro y fuera del edificio.		**13**	En todos los edificios, fomentar en los ocupantes el llevar ropa más gruesa para que se sientan cómodos a bajas temperaturas interiores.
3	Establecer automáticamente las temperaturas de los edificios para su funcionamiento nocturno y de fin de semana.		**14**	Los pasillos y las escaleras son áreas desocupadas que utilizan sólo las personas activas, que se mueven de uno a otro espacio caliente. Siempre y cuando la temperatura ambiente no baje de 55°F, se apaga la calefacción en estas áreas.
4	Utilizar siempre que sea posible, la ventilación de las ventanas abiertas.		**15**	Revierta las temperaturas durante los períodos en que los edificios se encuentras desocupados.
5	Reducir la tasa de infiltración.		**16**	Algunas áreas del edificio no requieren calentamiento porque reciben calor de las áreas adyacentes, o porque reciban calor solar a través de las ventanas.
6	Mantener temperaturas interiores más bajas durante la temporada de calefacción.		**17**	Alentar a los que trabajan cerca de las paredes y ventanas exteriores a usar ropa más pesada en el invierno.
7	Evitar los efectos de la radiación en superficies frías.		**18**	Mejorar la eficacia de la instalación existente de iluminación.
8	Reducir los niveles de humedad relativa.		**19**	Reorganice los escritorios y las áreas de trabajo lejos de las superficies frías.
9	Aumentar el beneficio del calor solar dentro del edificio.		**20**	Utilizar más eficientemente la luz del día para iluminar.
10	Instalar procesos de monitoreo para registrar el rendimiento de los quipos o procesos modificados.		**21**	Reduzca los niveles de iluminación en ubicaciones de tareas seleccionadas.
11	Reduzca las horas de operación, en la mayor medida posible, durante los períodos de mucho frío.		**22**	Apague las luces cuando el edificio entero o partes del edificio estén desocupadas.

juego de educación ambiental

Este cuadro ilustra las opciones para conformar una habitación interior y su correspondiente solución de energía.

Las opciones se dividen en las categorías de : sala de estar comedor-cocina y dormitorios adulto-niño. Cada jugador selecciona una alternativa como se ilustra en la columna A, B, o C, que representa las variaciones de disposiciones para vivirlas. A continuación, el jugador hace una elección entre la columna D y E, que le represente el arreglo de dormitorio que más prefiere.

El siguiente conjunto de opciones estará relacionado con la alternativa energética preferida para cada disposición espacial. Por ejemplo, C3 corresponderá a preferir un área separada de sala de estar, comedor y cocina utilizando un muro colector. Una asignación de 78 puntos se le da a cada jugador, él o ella pueden hacer dos elecciones.

Este juego intenta describir diferentes opciones para conformar una habitación interior dentro de los límites de un "presupuesto" económico. Cada una de las elecciones de las disposiciones, tiene un punto de valor asociado correspondiente a su costo relativo. Las opciones de salón de estar-comedor-cocina, difieren de acuerdo al tamaño y a la cantidad de espacio de separación entre cada área de actividad. Las opciones de dormitorio difieren según el tamaño y la posibilidad de un espacio de juegos infantiles. Al limitar los puntos disponibles para jugar el juego, es posible alentar al jugador a tomar decisiones basadas en la necesidad de privacidad, y de la disponibilidad de opciones para el ahorro de energía.

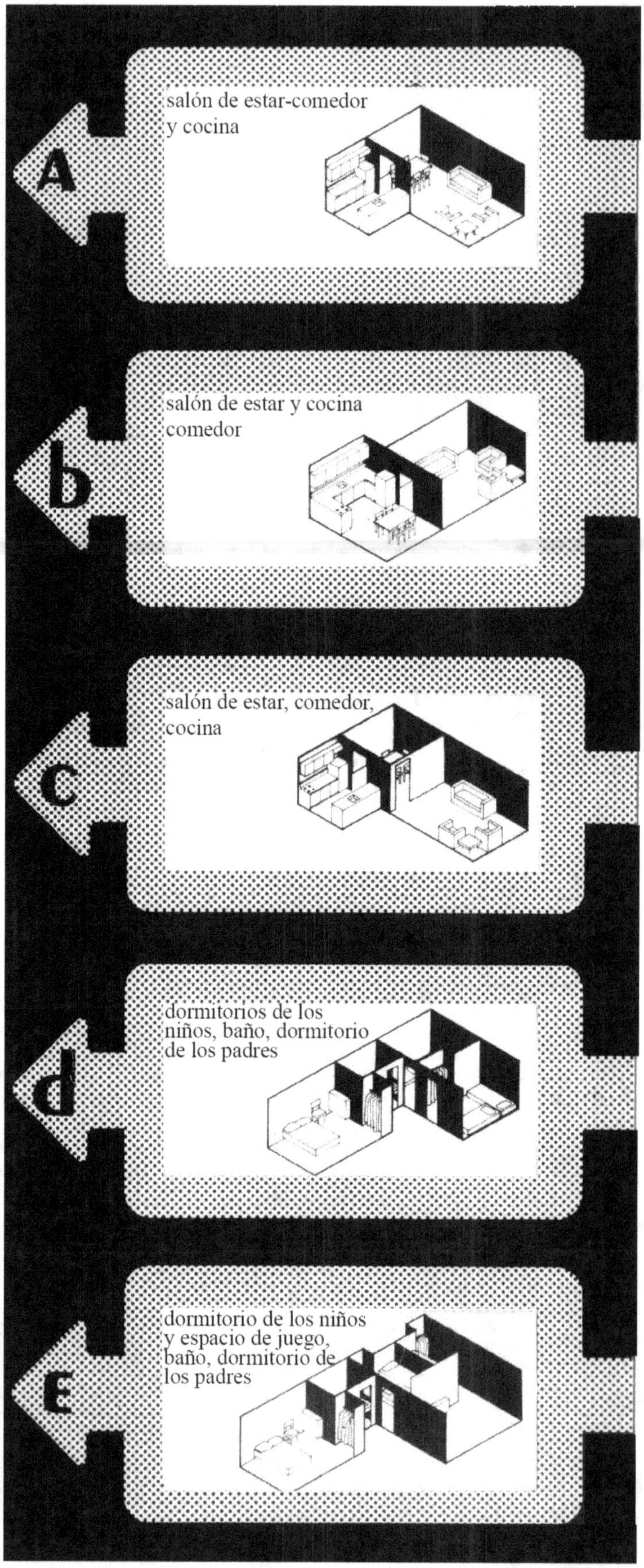

JUEGO DE LA VIVIENDA

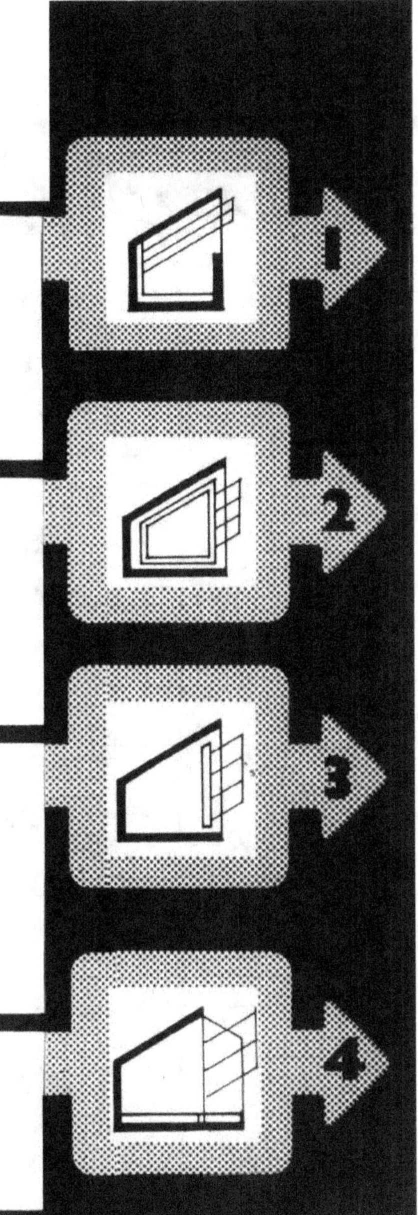

Ganancia Directa es un concepto de energía que consiste en colocar un vidrio al lado sur de un edificio para permitir que los rayos del sol penetren en las áreas de la vivienda. El almacenamiento de calor se dará en las cavidades de la pared y del piso de estas áreas, dando lugar a que se caliente el área durante la noche o durante los días nublados.

Circuito de Convección, es un concepto que también consiste en colocar un vidrio en el lado sur de un edificio. Se proporciona un espacio de aire construyendo una pared doble en los lados norte y sur del edificio para permitir que el aire circule alrededor del exterior del edificio. Esto proporciona una capa protectora de aire que minimiza la ganancia o pérdida de calor.

Muro de Captación, es un concepto que corresponde a un muro macizo colocado en el lado del sur de un edificio. El aire circula alrededor de la pared a través de aberturas en la parte superior e inferior del muro. Además, el muro también funciona como un elemento de almacenamiento de calor.

Espacio Solar o Invernadero, es un concepto solar que se utiliza para un invernadero en el lado sur de un edificio. El invernadero recoge el calor que se almacena en el suelo, paredes o en un barril de agua.

CONCEPTOS DE ENERGÍA SOLAR
ACTIVIDADES DOMÉSTICAS

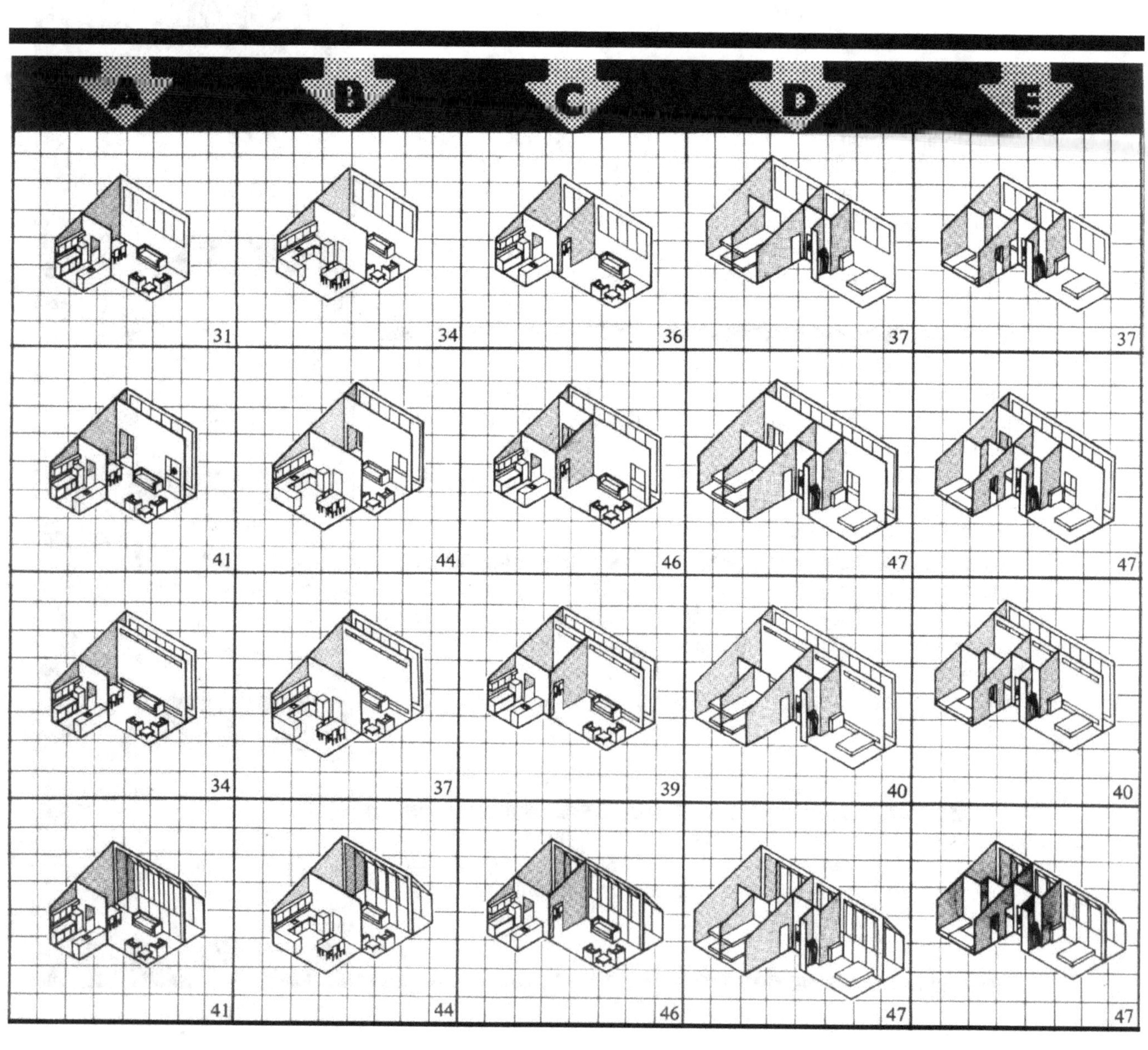

Acertijos Solares

Un enfoque atractivo para aprender sobre la energía pasiva solar, se puede experimentar a través de un juego de personajes, enfatizando la comunicación no verbal.

Con el propósito de ilustrar esta propuesta del juego de personajes, se identificaron tres estrategias solares de la sección anterior donde se describen estrategias de calefacción y enfriamiento. Las estrategias solares son: ganancia directa, ganancia aislada (invernadero) y un circuito de convección.

Para jugar, se requiere que cinco personas seleccionen personajes que representen al sol, al sol saliente, al almacenaje de calor, al calor y a la brisa, tal y como se definen al lado derecho de esta página. Al grupo se le dará información de un sistema en particular, el cual actuarán personificando sus respectivos papeles. Esta interpretación debe representar la forma en que los elementos (personajes) interactúan entre sí.

Con el fin de crear un juego efectivo de acertijos, el grupo debe tomarse diez minutos para planificar "su acto". El juego de acertijos solares, funciona mejor con un mínimo de diez personas y necesariamente, con una audiencia disponible para cada grupo. Con un taller de quince miembros, se pueden rotar tres grupos para representar cada uno de los conceptos solares.

Los Personajes

EL SOL - El sol irradia calor y luz a la tierra; en el invierno se encuentra en la parte baja del cielo, y en lo alto en el cielo de verano.

ALERO – El alero, bloquea el sol no deseado de verano, y admite el sol beneficioso del invierno.

ALMACENAJE - El almacenaje absorbe el calor del sol en el invierno y calienta la casa después de que se ha puesto el sol. El almacenaje, también absorbe el calor necesario durante los días de verano, y por la noche lo libera al exterior para mantener la casa fresca.

CALOR - El calor nos rodea y nos calienta; el calor se eleva.

LA BRISA - La brisa nos refresca tanto en el invierno como en verano; en el verano sopla desde el sur y puede ayudar a enfriar la casa.

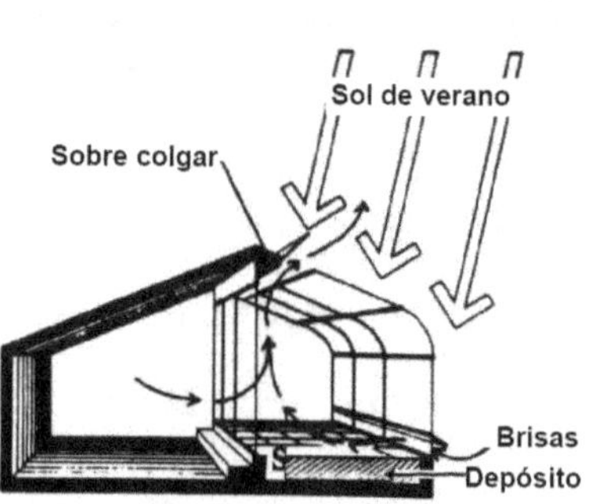

INVERNADERO

En el sistema solar pasivo del invernadero, la energía del sol y el almacenaje de energía se aíslan de los espacios que se habitan. Por lo tanto, con un invernadero, la recolección y almacenamiento de calor o frío puede funcionar con cierta independencia de la casa, pero al mismo tiempo, se puede tomar esa energía del depósito para la casa, según sea necesario.

Este "espacio de sol" ofrece tanto la separación del sistema de las zonas de estar, como la situación de ganancia directa "vivir dentro". Los atrios, galerías soleadas, invernaderos, y las terrazas asoleadas, son ejemplos potenciales de un "espacio de sol".

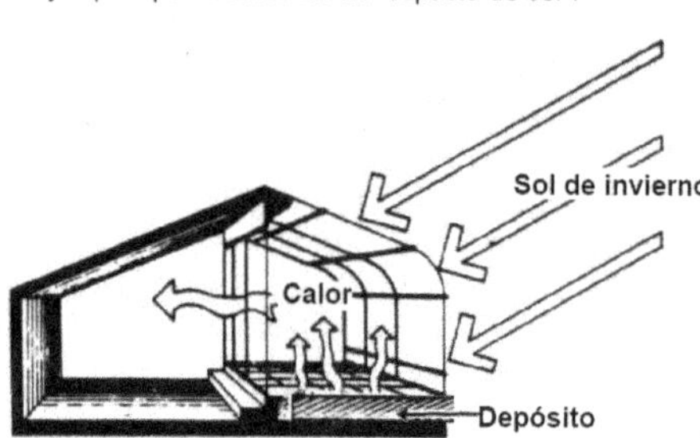

Los requisitos para un sistema solar pasivo de invernadero son: una gran extensión de vidrio orientado al sur, y un área colectora con almacenamiento que esté aislada térmicamente del resto de la casa.

Este "espacio de sol" puede variar en sus relaciones con los espacios habitables. Puede variar desde una adición mínima a un edificio como una abertura a un lado de la casa, a extender todo el lado sur de la casa en un gran invernadero, y a que este "espacio de sol" este rodeado por la casa menos por el lado sur.

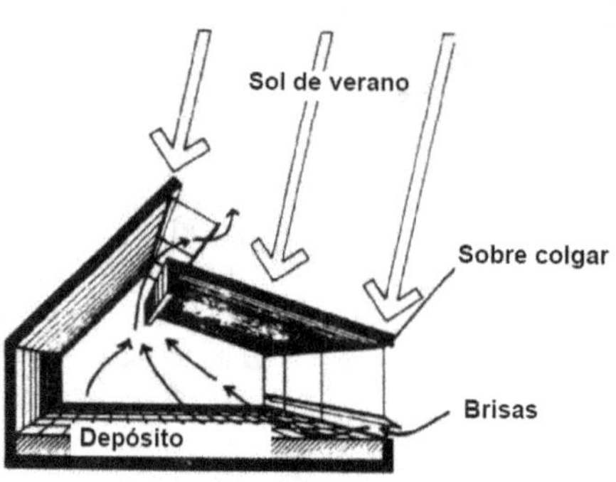

GANANCIA DIRECTA

El concepto de ganancia directa, es la solución de construcción solar pasiva más común. y tiene muchos precedentes históricos. Con este sistema la radiación solar se recoge en los espacios habitables de la casa y luego se almacena en una masa de depósito térmico (como una pared de ladrillo o piso de baldosas o loseta). Por lo tanto, los actuales espacios habitables se calientan directamente por el sol y sirven como un colector "vivir-dentro".

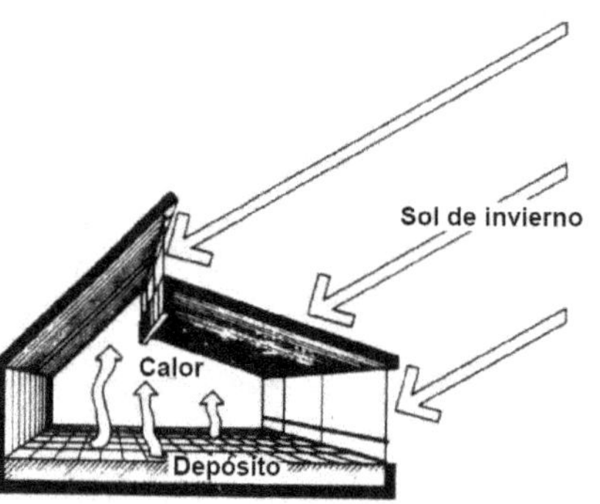

Los requisitos básicos para el sistema directo de ganancia pasiva solar son: una gran cantidad de ventanas orientadas al sur con los espacios habitables expuestos directamente detrás de ellas, un piso y/o pared que mejor puedan almacenar la energía (como ladrillo o baldosas o loseta) ,y un método para aislar este depósito de energía, de las condiciones climáticas exteriores.

La ausencia de una pared o piso que pueda almacenar calor, elimina la posibilidad de almacenar la energía solar en la mayoría de los hogares convencionales.

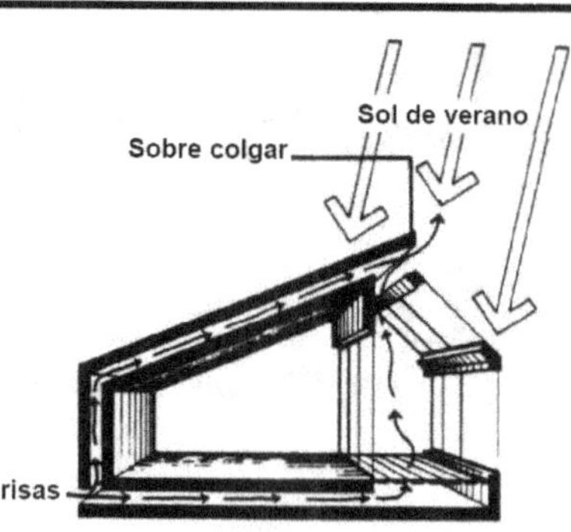

CIRCUITO CONVECTIVO

La característica principal del sistema del circuito convectivo solar pasivo, es un espacio de aire permanentemente cerrado rodeando los espacios habitables interiores. A través de esta envoltura el aire fluye por gravedad, aislando así la casa de las temperaturas exteriores. La envoltura, a través de la cual fluye el aire, se compone de un invernadero adjunto y de pasajes interconectados con los espacios soleados en el techo, la pared norte y debajo de la casa.

El invernadero recoge la energía solar y la distribuye alrededor del recubrimiento que rodea la casa. Durante los períodos de recolección de calor en el invernadero, el aire del norte más fresco y más denso, pega del lado sin sol de la vivienda, forzando al aire más cálido y ligero del invernadero, a elevarse y circular sobre el área del techo. Aquí, a medida que se acerca al lado norte se enfría, y se precipita, continuando el proceso.

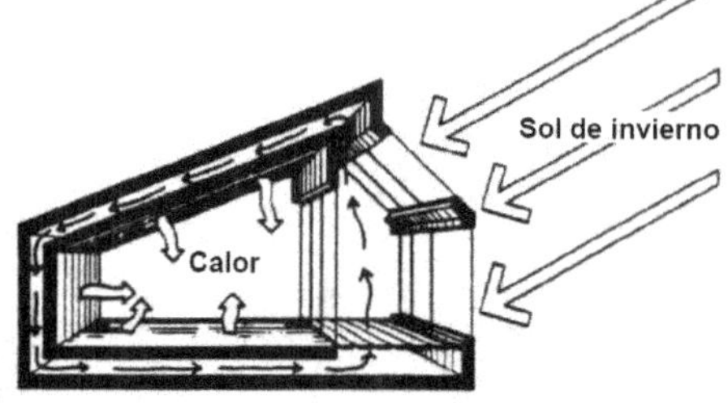

Los requisitos de este sistema solar pasivo son una gran cantidad de fachadas del invernadero con orientación al sur, y un espacio de aire sin obstrucciones entre la pared norte, el techo y debajo de la casa, conectado al invernadero. Se prevé en este sistema usar el invernadero como una parte del espacio habitable de la casa, pero debe ser posible aislarlo del resto de la casa, para que pueda circular el aire alrededor del espacio aireado.

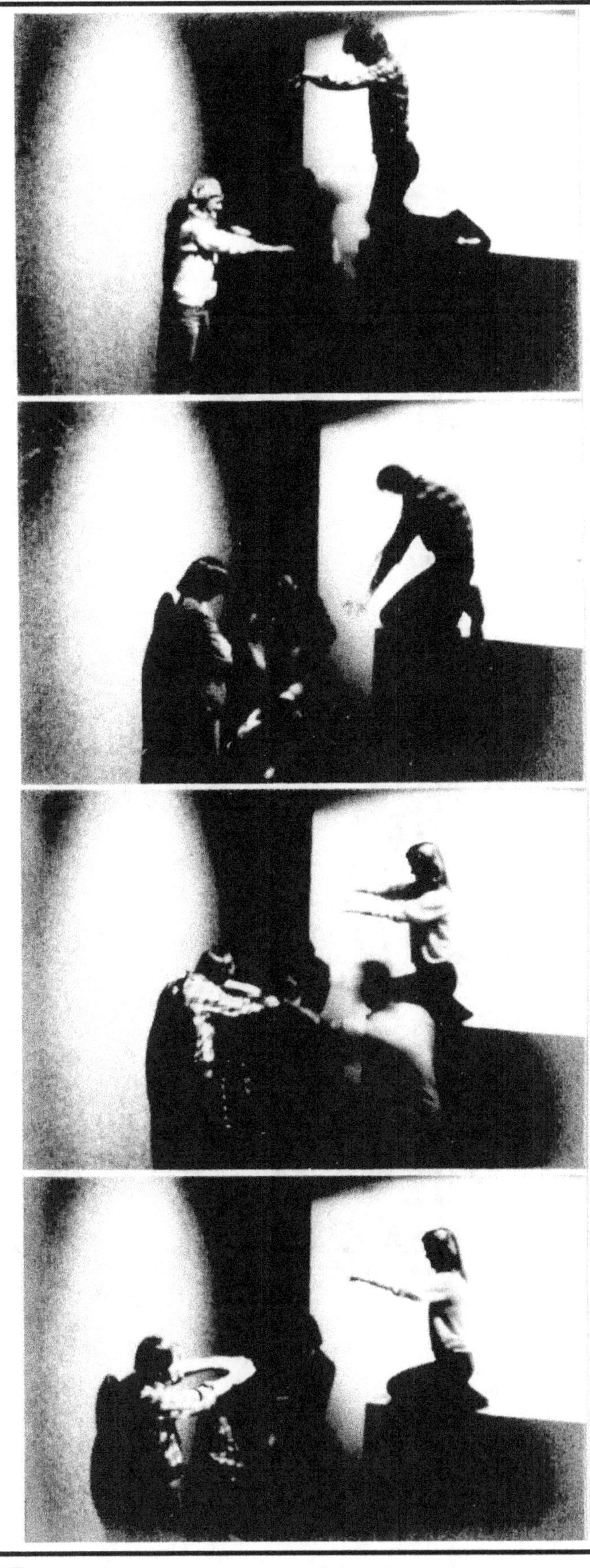

En este juego de acertijos solares, los jugadores asumen el papel del sol, del cobertizo, la brisa y el depósito. La promulgacion física actúa como la forma en que el cobertizo protégé contra el sol.

JUEGO DE ENERGÍA PARTICIPATIVO

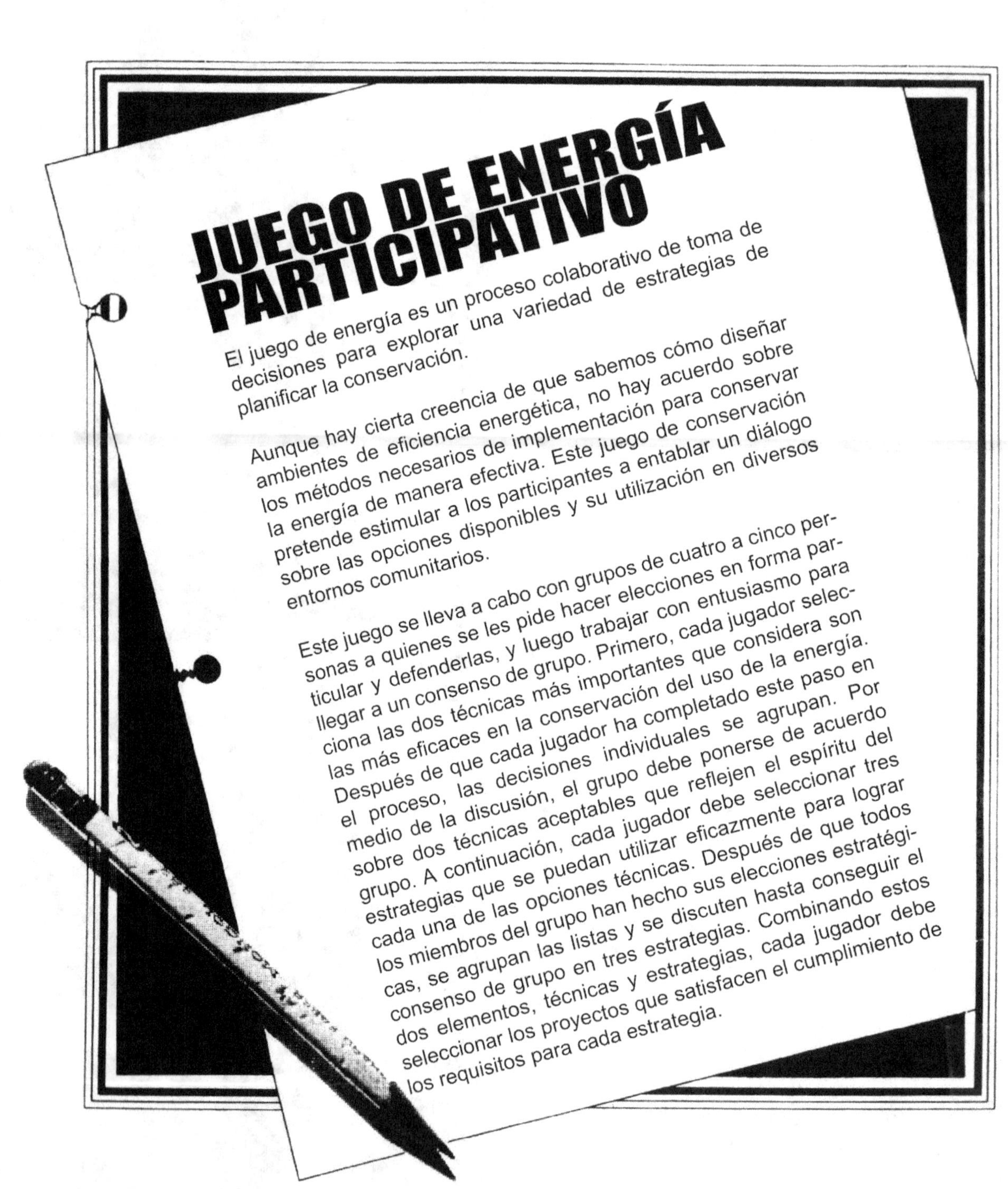

El juego de energía es un proceso colaborativo de toma de decisiones para explorar una variedad de estrategias de planificar la conservación.

Aunque hay cierta creencia de que sabemos cómo diseñar ambientes de eficiencia energética, no hay acuerdo sobre los métodos necesarios de implementación para conservar la energía de manera efectiva. Este juego de conservación pretende estimular a los participantes a entablar un diálogo sobre las opciones disponibles y su utilización en diversos entornos comunitarios.

Este juego se lleva a cabo con grupos de cuatro a cinco personas a quienes se les pide hacer elecciones en forma particular y defenderlas, y luego trabajar con entusiasmo para llegar a un consenso de grupo. Primero, cada jugador selecciona las dos técnicas más importantes que considera son las más eficaces en la conservación del uso de la energía. Después de que cada jugador ha completado este paso en el proceso, las decisiones individuales se agrupan. Por medio de la discusión, el grupo debe ponerse de acuerdo sobre dos técnicas aceptables que reflejen el espíritu del grupo. A continuación, cada jugador debe seleccionar tres estrategias que se puedan utilizar eficazmente para lograr cada una de las opciones técnicas. Después de que todos los miembros del grupo han hecho sus elecciones estratégicas, se agrupan las listas y se discuten hasta conseguir el consenso de grupo en tres estrategias. Combinando estos dos elementos, técnicas y estrategias, cada jugador debe seleccionar los proyectos que satisfacen el cumplimiento de los requisitos para cada estrategia.

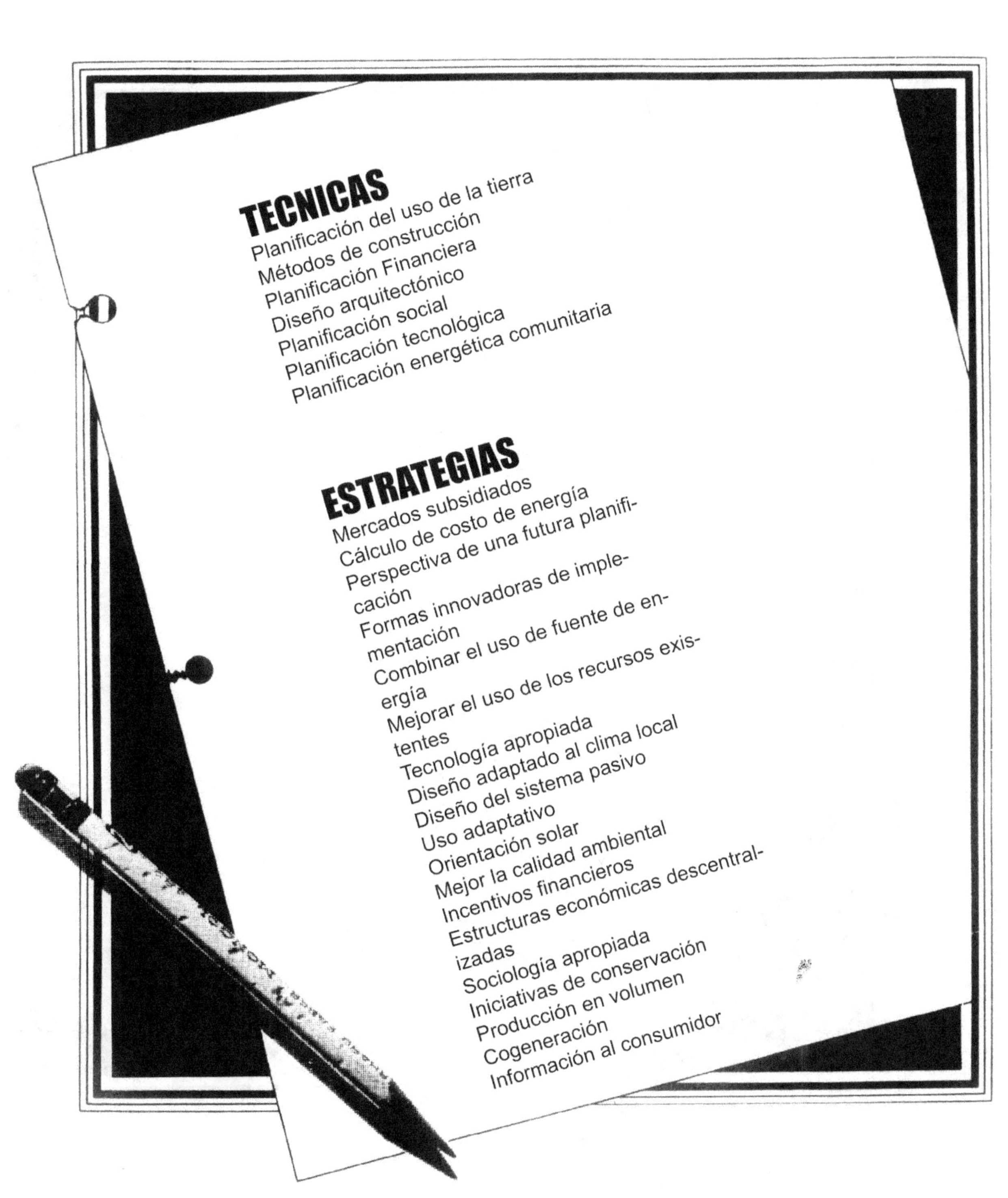

TECNICAS
Planificación del uso de la tierra
Métodos de construcción
Planificación Financiera
Diseño arquitectónico
Planificación social
Planificación tecnológica
Planificación energética comunitaria

ESTRATEGIAS
Mercados subsidiados
Cálculo de costo de energía
Perspectiva de una futura planifi-
cación
Formas innovadoras de imple-
mentación
Combinar el uso de fuente de en-
ergía
Mejorar el uso de los recursos exis-
tentes
Tecnología apropiada
Diseño adaptado al clima local
Diseño del sistema pasivo
Uso adaptativo
Orientación solar
Mejor la calidad ambiental
Incentivos financieros
Estructuras económicas descentral-
izadas
Sociología apropiada
Iniciativas de conservación
Producción en volumen
Cogeneración
Información al consumidor

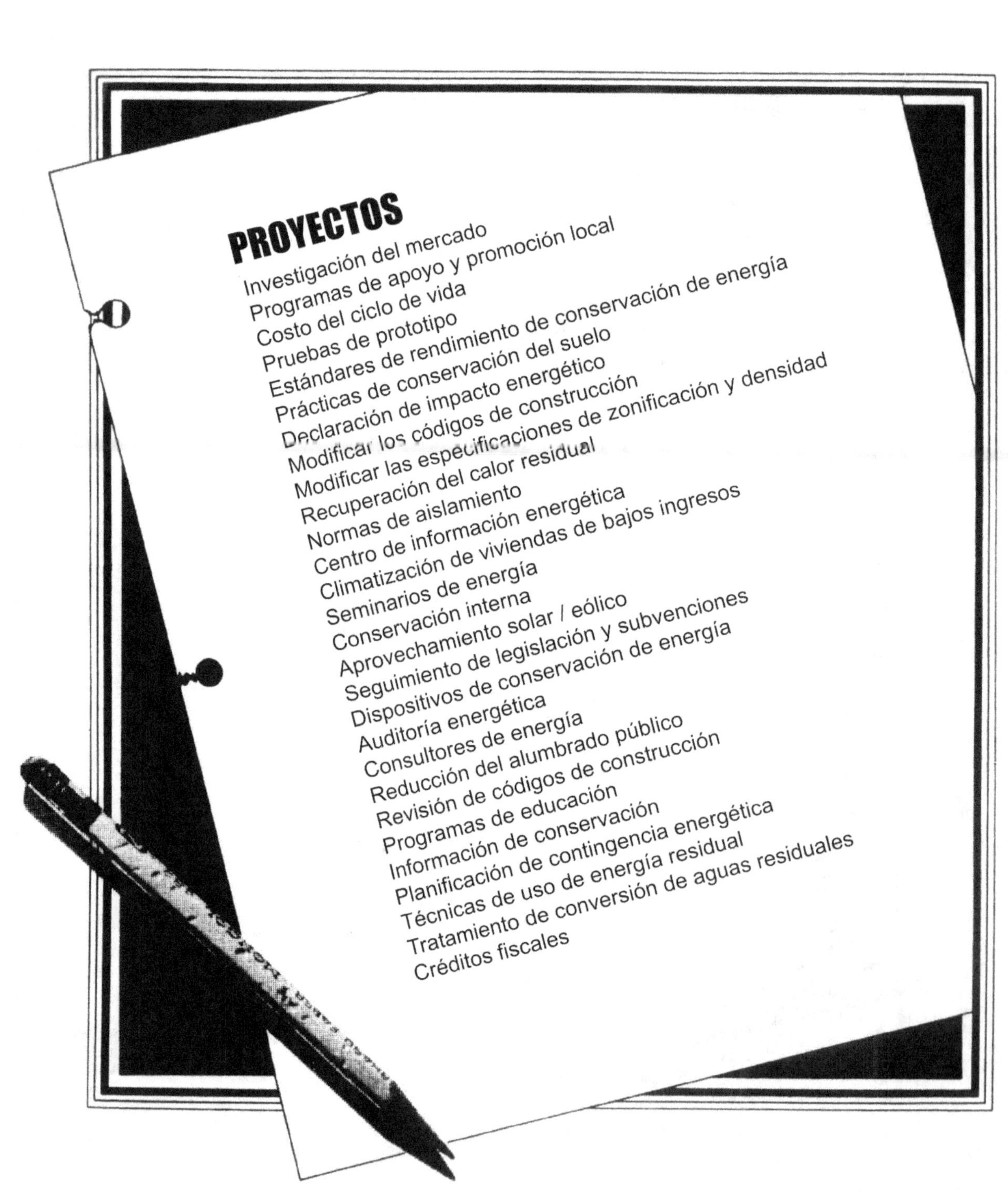

PROYECTOS
Investigación del mercado
Programas de apoyo y promoción local
Costo del ciclo de vida
Pruebas de prototipo
Estándares de rendimiento de conservación de energía
Prácticas de conservación del suelo
Declaración de impacto energético
Modificar los códigos de construcción
Modificar las especificaciones de zonificación y densidad
Recuperación del calor residual
Normas de aislamiento
Centro de información energética
Climatización de viviendas de bajos ingresos
Seminarios de energía
Conservación interna
Aprovechamiento solar / eólico
Seguimiento de legislación y subvenciones
Dispositivos de conservación de energía
Auditoría energética
Consultores de energía
Reducción del alumbrado público
Revisión de códigos de construcción
Programas de educación
Información de conservación
Planificación de contingencia energética
Técnicas de uso de energía residual
Tratamiento de conversión de aguas residuales
Créditos fiscales

hoja de registro
técnicas
estrategias
proyectos
1
2

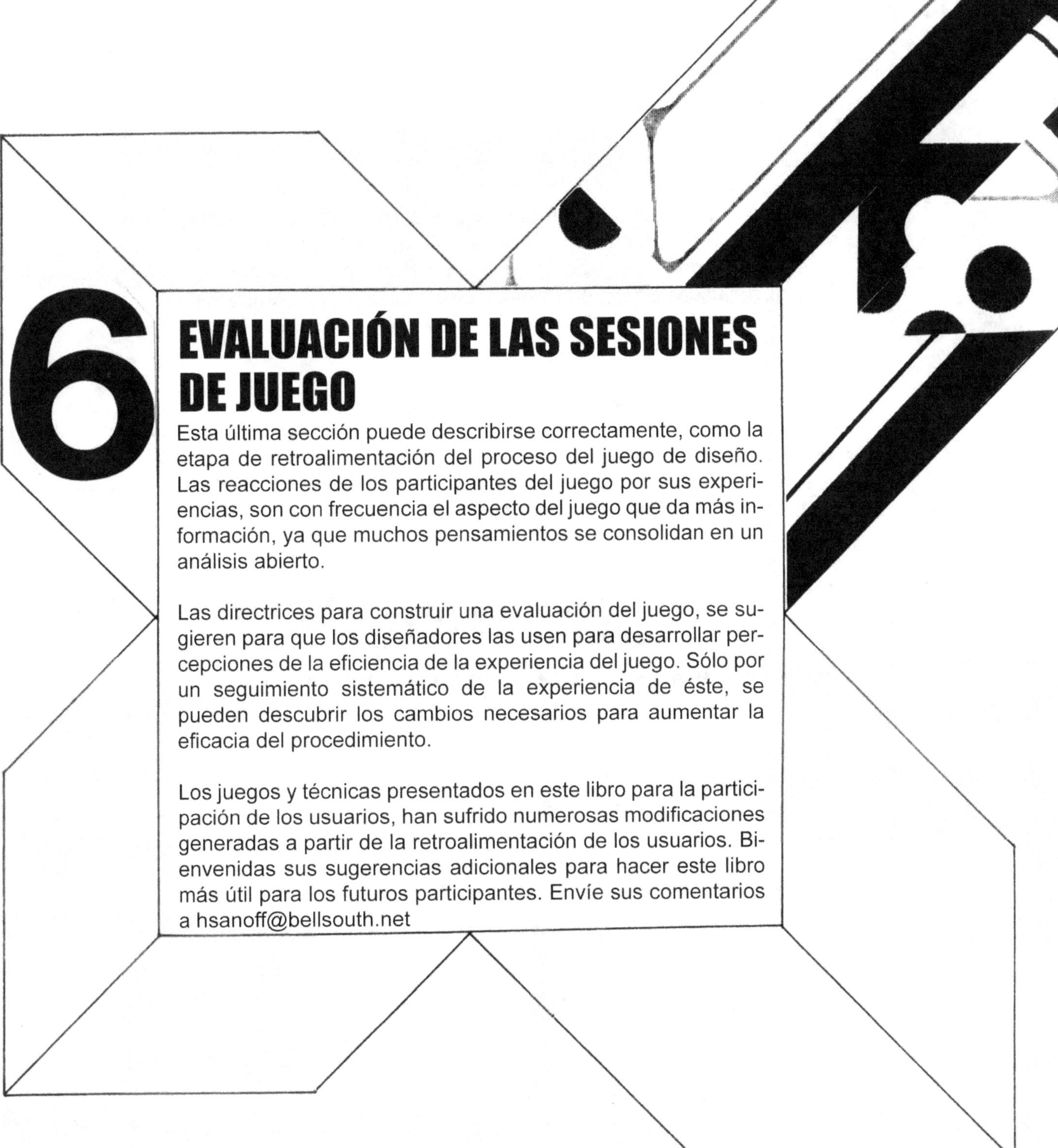

6

EVALUACIÓN DE LAS SESIONES DE JUEGO

Esta última sección puede describirse correctamente, como la etapa de retroalimentación del proceso del juego de diseño. Las reacciones de los participantes del juego por sus experiencias, son con frecuencia el aspecto del juego que da más información, ya que muchos pensamientos se consolidan en un análisis abierto.

Las directrices para construir una evaluación del juego, se sugieren para que los diseñadores las usen para desarrollar percepciones de la eficiencia de la experiencia del juego. Sólo por un seguimiento sistemático de la experiencia de éste, se pueden descubrir los cambios necesarios para aumentar la eficacia del procedimiento.

Los juegos y técnicas presentados en este libro para la participación de los usuarios, han sufrido numerosas modificaciones generadas a partir de la retroalimentación de los usuarios. Bienvenidas sus sugerencias adicionales para hacer este libro más útil para los futuros participantes. Envíe sus comentarios a hsanoff@bellsouth.net

Los resultados de la experiencia del juego son importantes tanto para el diseñador del juego como para los jugadores. Las evaluaciones se pueden hacer sobre la sesión del juego, como por la validez del modelo del juego.

Para tal evaluación, una discusión final entre los jugadores, es una parte importante del proceso del juego. A veces, el aprendizaje más importante ocurre al final cuando se hace un esfuerzo consciente por convertir la experiencia en conocimiento o comprensión. Evaluamos principalmente para determinar si se cumplieron las metas y objetivos del usuario del juego. Cuando se involucra el aprendizaje, puede haber muchos objetivos diferentes, y el éxito de la sesión del juego está en la idoneidad del juego para el objetivo particular.

Un enfoque útil para evaluar, puede ser entender lo que sucedió desde el punto de vista de todos los participantes y comparar esos puntos de vista con las metas del usuario del juego. Para apoyarse a responder a la pregunta, "¿Qué pasó aquí?" utilice los siguientes cuestionarios, o diseñe el suyo propio.

cuestionario

1. Por favor marque la expresión que describe su sentimiento acerca de esta sesión.

   A. Excelente   B. Interesante   C. Todo bien   D. Mediocre   E. Poco interesante

2. ¿Cuáles son los puntos fuertes del proceso?

3. ¿Cuáles fueron las debilidades?

4. ¿Encontró nuevos conceptos que le puedan ser útiles? (Marque un número)

   0.   1.   2.   3.   4.   5.   6.   7.   8.   9.   10.
   Ninguna   Muchos

5. ¿Fueron útiles los materiales utilizados durante la sesión?

6. ¿Fueron efectivos los métodos utilizados para la participación en el grupo?

7. ¿Siente que podrá implementar las ideas obtenidas a través de esta experiencia?

   0.   1.   2.   3.   4.   5.   6.   7.   8.   9.   10.
   Ninguna   Muchos

8. ¿Qué mejoras sugeriría para aplicaciones futuras?

cuestionario

	Respuestas de los jugadores		Objetivos del operador	
	Ocurrió	No ocurrió	Lo más importante	Menos importante
APRENDER JUGANDO				
1. Ganar habilidad en un personaje en particular, y mejorar la capacidad de llevarlo a cabo en la situación real.				
2. Aprender a negociar y comunicarse.				
3. Comprender la dinámica del sistema al que pertenece el personaje.				
4. Oportunidad de experimentar con estrategias diseñadas para cambiar la estructura social y política.				
5. Desarrollar una mayor empatía para ese personaje.				
6. Experiencia en aplicar y probar el conocimiento adquirido de la lectura y otras experiencias				
APRENDER DE LA TOMA DE DECISIONES				
1. Adquirir pensamiento crítico, habilidades analíticas y de toma de decisiones.				
2. Aprender la importancia de establecer políticas y hacer planes a largo plazo.				
3. Descubrir las limitaciones y contingencias que normalmente no se consideran.				
4. Fomentar el análisis sistemático de las ventajas de las estrategias alternativas.				
5. Acostumbrarse a tomar decisiones y aprender a usar los aspectos interpersonales, como se hace en la toma de decisiones reales.				
6. Aprender a actuar dentro de ciertas limitaciones en el sistema.				
7. Aprender a lidiar con el problema de la urbanización.				
APRENDER DEL COMPORTAMIENTO HUMANO				
1. Aprender a comunicarse mejor con aquellos que tienen diferentes perspectivas.				
2. Identificar metas, objetivos y estructuras de valor en uno mismo y en los otros.				
3. Desarrollar un sentimiento de necesidad de comunicación.				
4. Aprender a interactuar entre diferentes subgrupos.				
DIVERTIRSE				
1. Describir que es placentero al participar en un grupo.				
2. Romper el hielo.				
3. Divertirse en el proceso de juego.				
4. Disfrute de la complejidad de los juegos.				
5. Tener una sesión valiosa aunque no sea necesariamente emocionante.				
ASPECTOS TÉCNICOS DE LA SESIÓN				
1. El operador de juego mejora la comprensión.				
2. La hora del día fue correcta.				
3. El ritmo de juego suma en lugar de restar.				
4. El tiempo dedicado al juego fue suficiente.				
5. Jugando en equipo hizo más fácil seguir el juego, y más realista.				
6. La sesión de opiniones, aclaró y reforzó la experiencia del juego.				

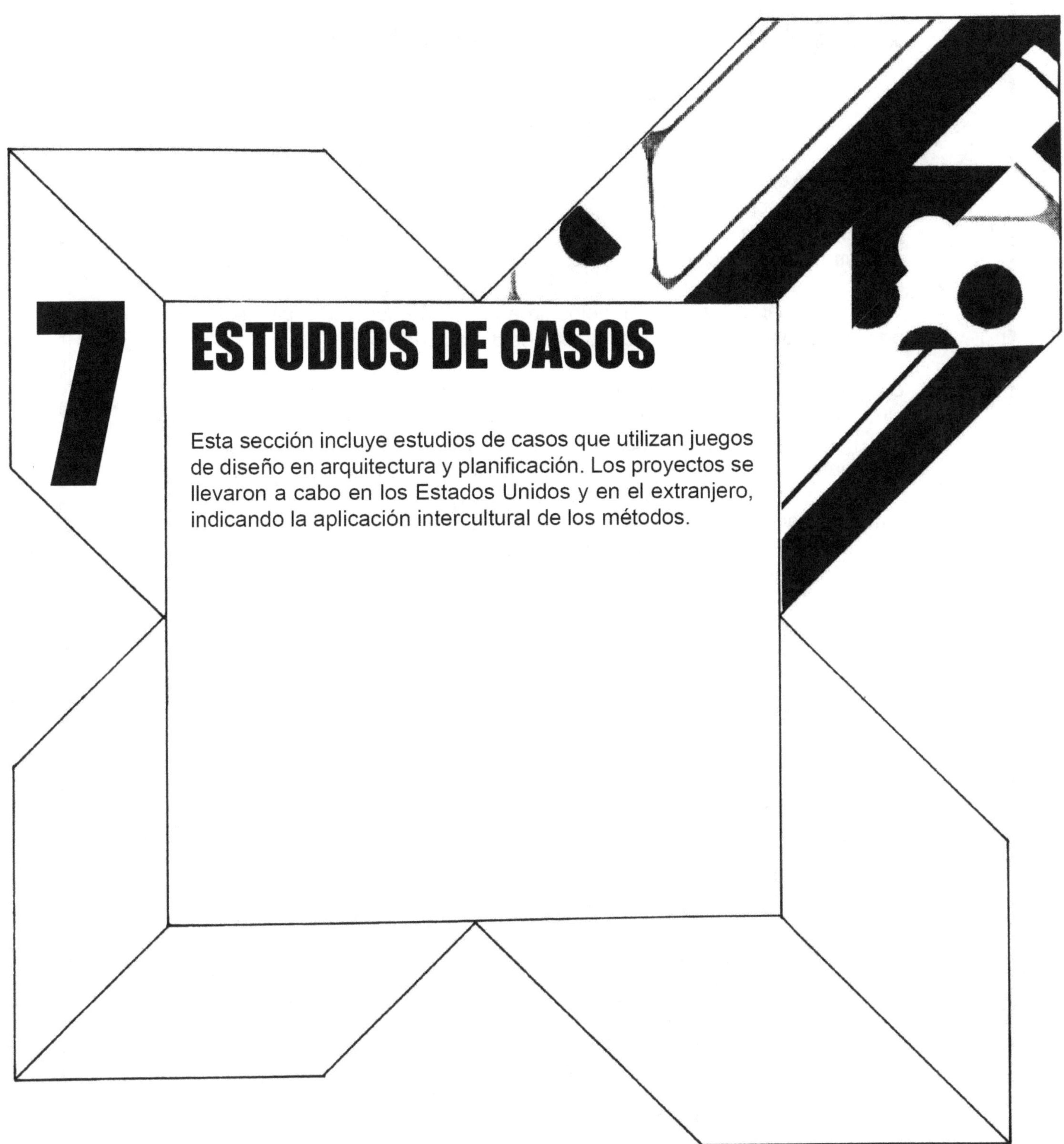

7 ESTUDIOS DE CASOS

Esta sección incluye estudios de casos que utilizan juegos de diseño en arquitectura y planificación. Los proyectos se llevaron a cabo en los Estados Unidos y en el extranjero, indicando la aplicación intercultural de los métodos.

ESTUDIO DE CASO DEL CENTRO DE ARTES

Más de cuarenta personas participaron en el Taller de Planificacion Arts Center.
Los miembros del Consejo de Artes, artistas locales, comerciantes, funcionarios
públicos, incluyendo el alcalde, y Facultad de Artes de la UNC Pembroke se reunieron para compartir sus puntos de vista acerca de la ubicación ideal para funciones de los centros. Diez grupos de cuatro o más personas sentadas en las
mesas, cada una con los planes de construcción y símbolos gráficos correspondientes a cada función del edificio. Cada símbolo grafico corresponde a 100
pies cuadrados, para lo tanto, los símbolos 20 Gallery, por ejemplo, representa
2000 pies cuadrados. Los símbolos se agrupan de acuerdo a las necesidades
de espacio de cada una de las funciones de los edificios.

Después de una larga discusión, las participantes del taller cortan y pegan los
símbolos en su ubicación deseada en cada piso del edificio de tres pisos. Una
revisión de las 10 propuestas del plan reveló una similitud en la ubicación de las
principales funciones, como la galería y cafetería en la planta baja, y las residencias de los artistas en la planta principal. Muchos grupos propusieron un uso ex-
tensivo de actividades al aire libre, incluyendo un jardín de esculturas, jardín al
aire libre de los niños, y una cafetería y terraza, todos las cuales están incluidas
en la propuesta del diseño.

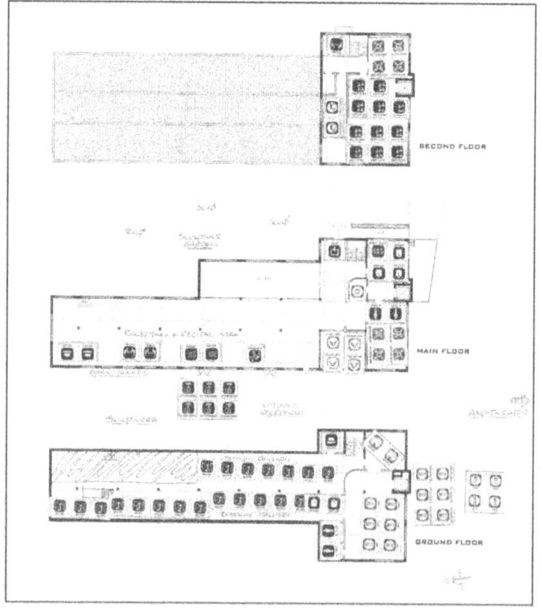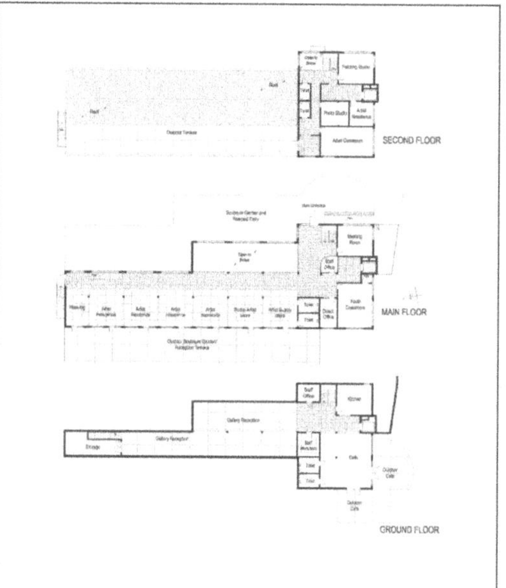

propuestas del grupo de trabajo típicos

  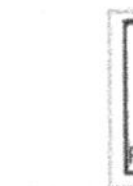     

GRABADO

ESTUDIO DE ARTE VISUAL

CERÁMICA

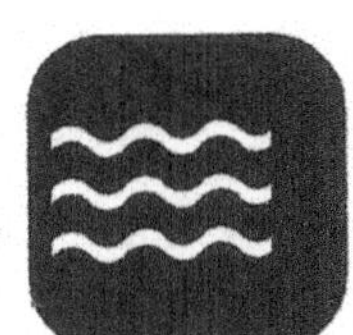

TEJIDO

PINTURA

IMPRESIÓN

SALÓN DE CLASE

SALA DE MÚSICA

ESTUDIO DE BAILE

TIENDA DE REGALOS

JARDÍN EXTERIOR

TEATRO

CAFETERÍA

CAFÉ AL AIRE LIBRE

TIENDA

BIBLIOTECA

GALERÍA

Escala de clasificación de disposición del aula

La forma de las aulas y la disposición de los muebles son señales físicas que transmiten mensajes silenciosos a los maestros y estudiantes. Estos mensajes ambientales estimulan el movimiento, llaman la atención sobre algunas cosas, pero no sobre otras, animan a la participación, e invitan a los estudiantes a moverse de prisa o con calma. Esta influencia ambiental es continua, y lo bien que se comunica con los usuarios dependerá de lo bien planeado que esté el entorno. La disposición del salón de clases, refleja las premisas sobre el proceso de enseñanza-aprendizaje, y sus resultados. La distribución habitual en el aula, donde las filas de escritorios tienen al maestro frente a ellos, hace suponer que toda la información proviene del maestro. Esta distribución hace pensar en un aula centrada en el maestro, donde el proceso de aprendizaje depende de su dirección.

La habilidad de los maestros para controlar el ambiente del aula, les da la ventaja de tener sentimientos de éxito e independencia. Tal conciencia hace que el maestro sea sensible a los aspectos sutiles del ambiente y saque a la luz los efectos adversos de un aula mal organizada. El objetivo de desarrollar esa conciencia en el aula, es llegar a una nueva comprensión de cómo el medio ambiente apoya las actividades de los estudiantes y fomenta su desarrollo. Esta conciencia es el primer paso que estimula a los maestros a tomar medidas en el aula y reordenarla. El desarrollo de los maestros de tal conciencia, les permitirá tomar decisiones considerando una variedad de arreglos espaciales. Esta conciencia implica comprender el efecto que el ambiente del aula tiene sobre el maestro y los estudiantes. La Escala de clasificación de la disposición del aula, es un enfoque colaborativo para explorar las opciones de diseño de aquella. Esta escala se utilizó en un taller dirigido al diseño de un aula adicionada en una escuela existente. Las formas representan opciones de diseño después de la experiencia de la mayoría de los maestros, sin embargo, todos estuvieron de acuerdo con la opción # 3, la cual se implementó.

Escuela Primaria Mills Road

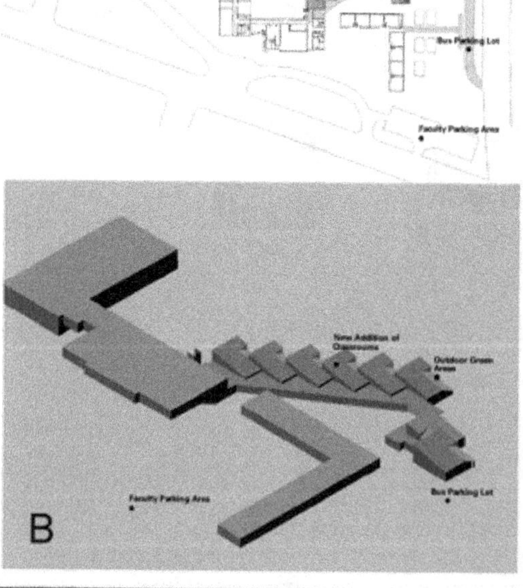

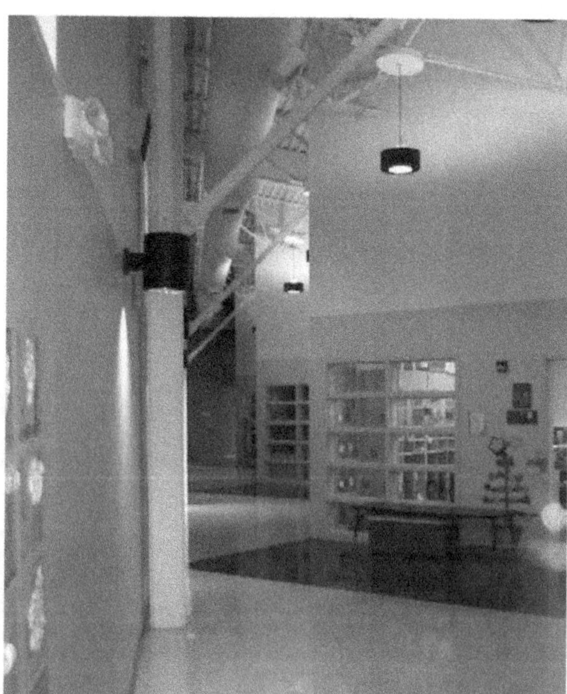

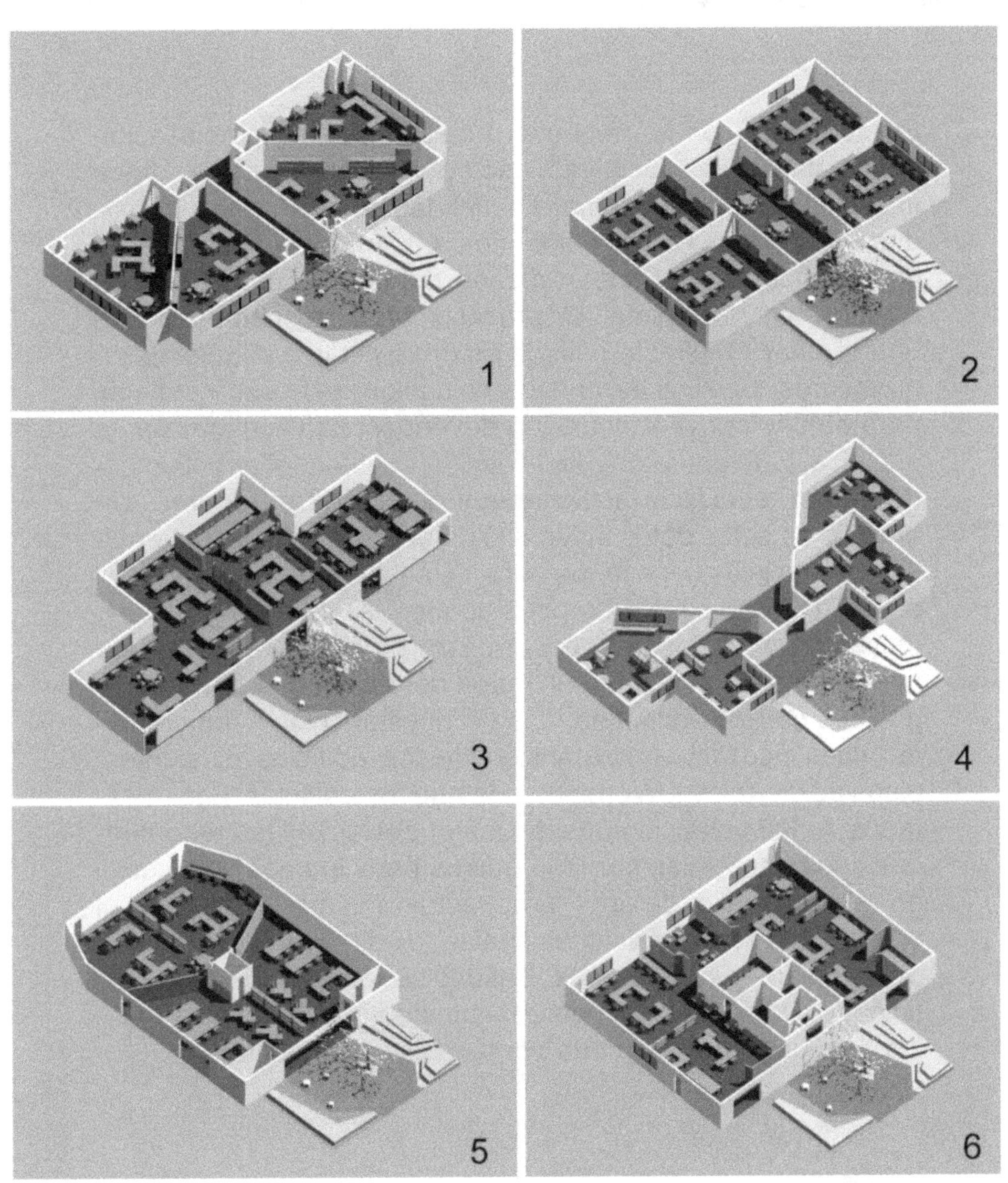

Por favor, seleccione la mejor disposición del aula que cumpla cada una de las siguientes afirmaciones:

1 2 3 4 5 6

1- Los estudiantes tienen posibilidad de moverse con libertad .... __ __ __ __ __ __

2- Los estudiantes pueden participar en actividades, manipulando objetos y materiales............. __ __ __ __ __ __

3- Distribución de los escritorios varía, grupos pequeños, pares, individuos y a la totalidad del grupo. .... __ __ __ __ __ __

4- Estudiantes individual y grupos pequeños, pueden elegir entre actividades de aprendizaje alternativo ...... __ __ __ __ __ __

5- Grupos pequeños pueden trabajar en forma independiente, en proyectos o funciones............ __ __ __ __ __ __

6- Los maestros pueden utilizar una variedad de métodos de enseñanza................................... __ __ __ __ __ __

7- Enseñar en equipo es perfectamente factible... __ __ __ __ __ __

8- Los profesores pueden hacer transiciones rápidas y precisas de una actividad a otra............. __ __ __ __ __ __

9- Los profesores pueden moverse por el aula interactuando con individuos y grupos.................. __ __ __ __ __ __

10- Los estudiantes tienen un sentido de identidad y pertenencia... __ __ __ __ __ __

Centro de Educación Artística en Minnesota

En contraste con los modelos tradicionales de planificación de instalaciones educativas, escrupuloso en recolectar datos in situ, se formó la base para definir las necesidades justificadas y los costos correspondientes a las nuevas necesidades de planificación del nuevo diseño del Centro de Educación Artística en Minnesota. El proceso intensivo comenzó con una evaluación directa basada en entrevistas a estudiantes y profesores. Se registraron las evaluaciones de cada espacio para determinar la adecuación del espacio, la iluminación, la acústica, la temperatura, la flexibilidad de uso, el atractivo estético, los requisitos funcionales y la superficie del área. Un análisis de estos datos influenció en el desarrollo de los requisitos espaciales necesarios para las subsecuentes etapas del proceso. Trabajando en grupos pequeños, los equipos de estudiantes y profesores desarrollaron propuestas para su nueva instalación usando un mapa del sitio, y de los símbolos gráficos correspondientes. Las propuestas incluyeron cambios en el uso actual, expansión de los edificios existentes, pisos adicionales y la creación de nuevos edificios. Los resultados de la evaluación directa, las entrevistas y las recomendaciones generadas por los equipos participantes, influyeron en el desarrollo de tres propuestas desarrolladas por el equipo de diseño, una de las cuales recibió el apoyo unánime de estudiantes y profesores. Basándose en este proceso participativo, la financiación para la construcción del nuevo edificio de música fue asignada por la legislatura estatal.

Student Services
Theatre
Individual Faculty Offices (26)
Practice
Gallery
Administrative Offices (6)
meeting area
exercise room

DESARROLLO EN LA RIBERA DEL RÍO

Se trabajó en un enfoque de construcción comunitaria en una pequeña ciudad del medio oeste de los Estados Unidos, a orillas del río Ohio. Los miembros de la comunidad se involucraron y participaron en un proyecto de desarrollo para la ribera del río, a través de una variedad de actividades tales como una tormenta de ideas de los estudiantes, y de llevar a cabo encuestas que generaron más de doscientas ideas para la ribera del río. También se llevaron a cabo sesiones de intercambio de ideas con los grupos vecinales de discusión, para evaluar los puntos de vista de una sección representativa de los ciudadanos sobre el futuro desarrollo de la ribera del río. Estas actividades culminaron en un taller comunitario, donde ciento treinta ciudadanos iniciaron el proceso de volver a visitar la ribera del río, con una narración fotográfica del recorrido, y revisaron un resumen en video de los grupos de enfoque. Veintidos grupos identificaron los objetivos de recreación y localizaron las actividades en un mapa de la ribera del río. Los resultados del taller formaron la base para una propuesta de un diseño posterior, seguida de la implementación de la primera fase.

El método de juego en pequeños grupos utilizando símbolos gráficos, lo aplicó el autor en proyectos de diseño y planificación ubicados en una variedad de entornos culturales. Este enfoque participativo ayuda a las personas a entender la compleja interrelación de los factores ambientales y proporciona una visión de situaciones tan familiares, que no se perciben sus características. Es importante la forma de participación, porque requiere una cuidadosa consideración de los comportamientos de comunicación a lo largo del proceso para lograr el intercambio de conocimientos y el aprendizaje de todos los participantes. El proyecto en la ribera del río demuestra la eficacia de la participación aplicando un enfoque visual para encontrar modos comunes de comunicación entre los miembros de la comunidad vinculados por diferentes normas sociales. Aunque son extensos el conocimiento y la experiencia contenidos en los grupos de ciudadanos, los métodos colaborativos permiten a los participantes aprender de las experiencias de cada quien.

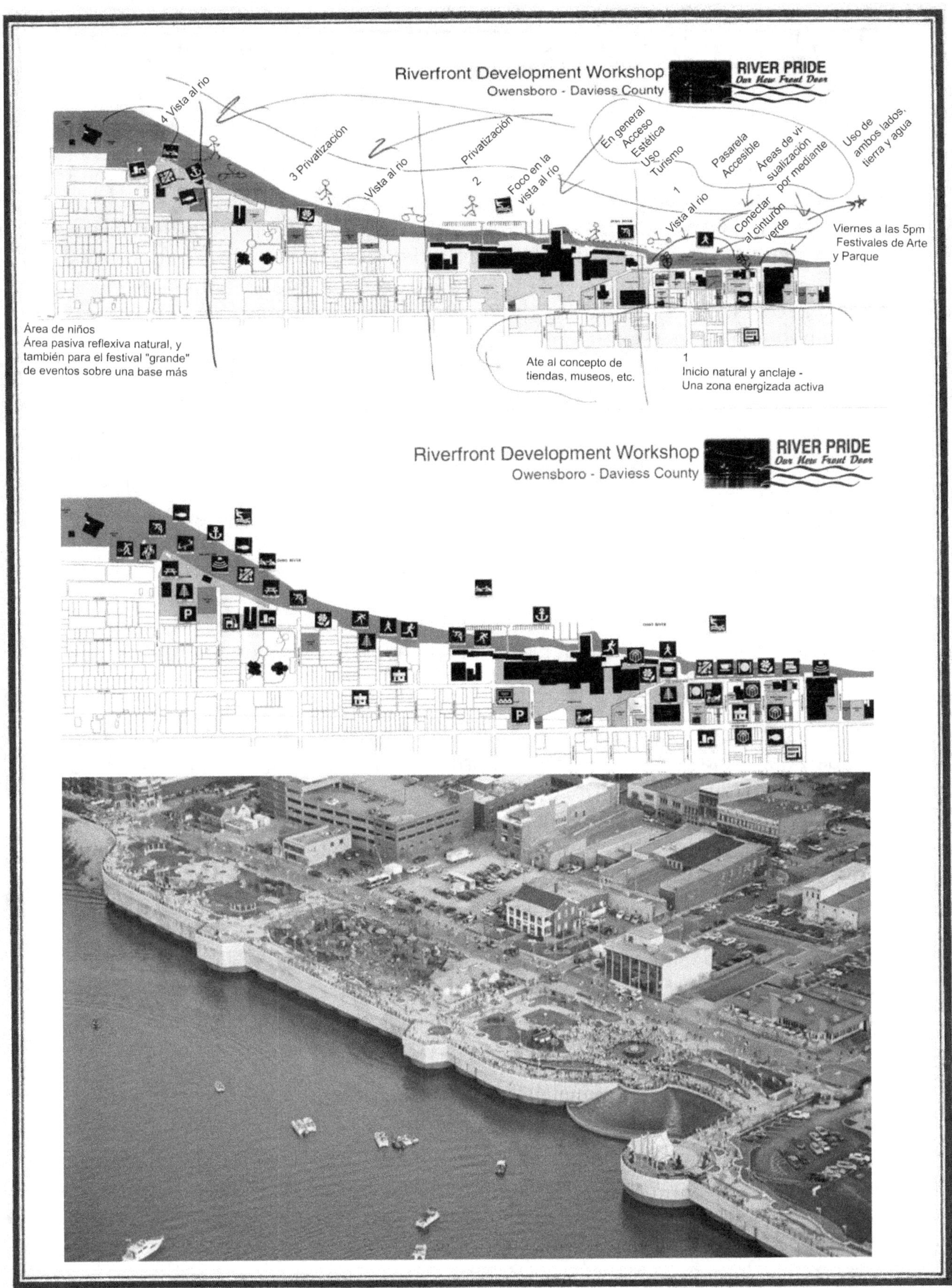
Riverfront Development Workshop
Owensboro - Daviess County
RIVER PRIDE
Our New Front Door
4 Vista al río
3 Privatización
Vista al río
Privatización
Foco en la vista al río
2
En general
Acceso
Estética
Uso
Turismo
Pasarela
Accesible
Áreas de visualización por mediante
Uso de ambos lados, tierra y agua
1
Vista al río
Conectar al cinturón verde
Viernes a las 5pm
Festivales de Arte y Parque
Área de niños
Área pasiva reflexiva natural, y también para el festival "grande" de eventos sobre una base más
Ate al concepto de tiendas, museos, etc.
1
Inicio natural y anclaje -
Una zona energizada activa
Riverfront Development Workshop
Owensboro - Daviess County
RIVER PRIDE
Our New Front Door

ÁREA RECUPERADA PARA LA RECREACIÓN

La ciudad portuaria de Nanao, Japón, ocupó un área de ocho acres como una "tierra verde" simbólica. El gobierno local preparó el plan básico sin consultar a los ciudadanos, y estos rechazaron varias propuestas. En consecuencia, un grupo de ciudadanos presentó al alcalde una solicitud de un proceso público. Posteriormente, se invitó a personas de todas las edades a participar en la planificación de los nuevos usos para esta área recuperada. El equipo de planificación se formó por voluntarios de la comunidad, así como por personas de varias partes de Japón interesados en aprender sobre el proceso. Treinta personas se organizaron en grupos de trabajo para preparar los materiales necesarios para el taller, que incluía una lista de posibles objetivos de recreación, símbolos gráficos correspondientes a las diferentes actividades recreativas, y un mapa base del área recuperada. Aunque los símbolos eran idénticos en tamaño, cada uno correspondió a una unidad específica del área. Las hojas de datos de las actividades incluían la capacidad de población de cada actividad recreativa, las necesidades del área, y la cantidad de símbolos correspondientes a basureros que deberían fijarse en el mapa base. Ochenta miembros de la comunidad acudieron al taller organizado en un centro comercial adyacente al sitio propuesto. El taller de dos horas comenzó con los participantes que identificaron los objetivos de la comunidad vinculándolos a actividades recreativas apropiadas.

Todos los grupos presentaron soluciones de disposición espacial para el área recuperada. Representantes de cada grupo finalizaron el taller con una breve presentación de sus ideas. Después de un descanso, cuatrocientos miembros de la comunidad se reunieron en el museo local para asistir a la presentación de los resultados del taller. Representantes de cada grupo de trabajo presentaron sus propuestas, que coincidentemente fueron muy similares. Después de la presentación a la comunidad, un equipo de diseño desarrolló modelos basados en los resultados del taller para presentarlos en la escuela secundaria local para ser comentados por estudiantes y residentes. El equipo de diseño refinó la propuesta de diseño basada en esos comentarios, que favoreció el plan de la ciudad que se había hecho sin la participación de la comunidad. Los funcionarios de la ciudad se quedaron satisfechos con los resultados, ya que su proceso había durado dos años sin resolución, y el taller creó un plan de consenso en sólo tres días. La prensa documentó el proceso y los principales resultados, informando al público de los hechos y de las decisiones a las que se había llegado. Finalmente, los resultados de los talleres de la comunidad fueron respaldados por los funcionarios de la ciudad e implementados. Debido al éxito de este proceso, las comunidades de todo Japón han utilizado subsecuentemene el enfoque de los "juegos de diseño".

REFERENCIAS

Abt, C., *Serious Games*, New York: Viking Press, 1970.

Boocock, S.S. and Schild, E.O., *Simulation Games and Learning*, Beverly Hills, California: Sage Publications, 1968.

de Leon, P., "Scenario Designs: An Overview", *Simulation and Games*, Vol. VI, No. 1, March 1975, p.39-60.

Duke, R., *Gaming Simulations in Urban Research*, Institute for Community Development and Services: Michigan State University, 1964.

Halprin, L. and Burns, J., *Taking Part: A Workshop Approach to Collective Creativity*, Cambridge, Massachusetts: MIT Press, 1974.

Hanks, K., Belliston, L. and Edwards, D., *Design Yourself*, Los Altos, California: William Kaufmann, 1977.

Harrison, R., "Self-Directed Learning: A Radical Approach to Educational Design", *Simulation and Games*, Vol. VIII, No. 1, March 1977, p.73-94.

Jackson, S., *A Gamut of Games*, New York: Random House, 1969.

Koberg, D., and Bagnall, J., *The Universal Traveler*, Los Altos, California: William Kaufmann, 1974.

Liggett, H., "An Evaluation Instrument for Use with Urban Simulation Games", *Simulation and Games*, Vol. VIII, No. 2, June 1977.

Meier, R., "Game Procedures in the Simulation of Cities", *The Urban Condition*, New York: Basic Books, 1963.

Orbach, E., "Some Theoretical Considerations in the Evaluation of Instructional Simulation Games", *Simulation and Games*, Vol. VIII, No. 3, September, 1977. p.341-360.

Sanoff, H., *Seeing the Environment: An Advocacy Approach*, Raleigh, N.C.: Learning Environments, 1973.

Sanoff, H., *Methods of Architectural Programming*, Stroudsburg, Pennsylvania: Dowden, Hutchinson and Ross, 1977.

Sanoff, H., *Designing with Community Participation*, Stroudsburg, Pennsylvania: Dowden, Hutchinson and Ross, 1978.